EXECUTIVO SINCERO

ROCCO

O EXECUTIVO SINCERO

REVELAÇÕES SUBVERSIVAS E
INSPIRADORAS SOBRE
A VIDA NAS
GRANDES EMPRESAS

ADRIANO SILVA

Copyright © 2014 Adriano Silva

Direitos desta edição reservados à
EDITORA ROCCO LTDA.
Av. Presidente Wilson, 231 - 8º andar
20030-021 - Rio de Janeiro - RJ
Tel.: (21) 3525-2000 - Fax: (21) 3525-2001
rocco@rocco.com.br
www.rocco.com.br

Printed in Brazil/Impresso no Brasil

Capa e projeto gráfico: Luiz Stein
Editoração eletrônica: Fernando Grossman

CIP-Brasil. Catalogação na fonte.
Sindicato Nacional dos Editores de Livros, RJ.

S578e Silva, Adriano
O executivo sincero: revelações subversivas e inspiradoras sobre a vida nas grandes empresas / Adriano Silva. – 1ª ed. Rio de Janeiro: Rocco, 2014.
(O executivo sincero; 1)

ISBN 978-85-325-2931-2

1. Administração pessoal. 2. Motivação no trabalho. 3. Recursos humanos. I. Título. II. Série.

14-15089

CDD- 658.314
CDU- 658.310.42

Ao meu avô, Severino.
Ele enxergou longe.
Inventou o caminho.
E soube caminhar.

Para a Ju e para o Pê.
Minha dose dupla, diária, essencial de felicidade.

Sumário

1. Que livro é este? 9

2. A importância de pensar contra a maré 13

3. Você diante de si mesmo 45

4. Você no meio dos outros 95

5. A exuberante fauna corporativa 141

6. Conflito no escritório 171

7. Trabalhar demais quase nunca significa trabalhar bem 209

8. Só uma coisa não mudará jamais: a necessidade de mudar sempre 233

9. Ferramentas avulsas 251

I
QUE LIVRO É ESTE?

Não sou psicólogo, não sou profissional de RH, não sou nem mesmo administrador de empresas. Sou um escritor que se tornou MBA. Um MBA que se tornou jornalista. E um jornalista que se tornou homem de negócios.

Como executivo, fui diretor de Marketing do Grupo Exame e editor sênior da revista **Exame**. Ajudei a lançar a Você S.A. Criei as seções Painel Executivo e Educação Executiva. Ainda na Abril, fui diretor de redação da **Superinteressante**. Lancei **Mundo Estranho**, **Vida Simples**, **Aventuras na História**. E fui diretor do Núcleo Jovem – chefiando mais de 150 talentos. Aí fui para a TV Globo, no Rio, ser chefe de redação do **Fantástico**.

De volta a São Paulo, virei empreendedor. Fundei a Spicy Media, editora digital com a qual trouxe o **Gizmodo**, o site de tecnologia mais influente do mundo, ao Brasil. Fui patrão, tive sócios, funcionários, vendi a empresa, abri outras.

Com todas essas, aprendi muito. Sobre pessoas, sobretudo. Além de praticante da gestão de negócios e de talentos, como executivo e como empresário, sou há muitos anos um observador atento da vida executiva, do mundo corporativo, do universo profissional. Entre meus interesses, esse se tornou quase uma obsessão.

Reflito muito sobre as pessoas e seus comportamentos no ambiente de trabalho. Trata-se de uma arena riquíssima para quem gosta de acompanhar o bicho humano se movimentando pela vida com suas características mais sublimes e mais patéticas, construindo, destruindo, ricocheteando em seus semelhantes, lidando com conquistas e frustrações, distribuindo alegrias e decepções por onde passa.

O ambiente profissional é uma metáfora da vida. Um lugar muito propício a que as nossas paixões aflorem com toda a intensidade. Passamos metade do dia desenvolvendo relações no escritório. Que envolvem poder político – influência. Que envolvem poder econômico – grana. É no horário comercial que mostramos com maior clareza, para os outros e para nós mesmos, quem somos de verdade. (Às vezes para nossa própria surpresa.) É ali também que os outros mostram para a gente quem são – e o que pensam a nosso respeito.

Por isso sou tão fascinado pelas relações de trabalho. Ou pelas relações humanas que se dão no trabalho. Em nenhum outro lugar da vida nos batemos tanto com questões como autoconhecimento, reconhecimento, reputação, construção de identidade, capacidade de negociar, de fazer aliados e desafetos.

Nada nos define mais do que aquilo que podemos alcançar em termos de carreira – o nosso potencial. É no âmbito profissional que utilizamos nossas armas. Onde mais aprendemos, onde crescemos, onde caímos, onde nos reinventamos, onde construímos nosso legado ao mundo, onde ganhamos ou perdemos o respeito por nós mesmos, onde nos tornamos pessoas realizadas ou seres amargurados.

Eu aprendo muito, inclusive sobre mim mesmo, olhando para essa dança de atitudes e palavras cujos movimentos acontecem de modo único no mundo corporativo. Trata-se de um grande jogo de xadrez, às vezes jogado com fleuma, ao som de Chopin, às vezes jogado com as (anti)regras de um GTA5 (o famigerado game Grand Theft Auto), em ritmo de thrash metal.

O mundo do trabalho, enfim, é um ambiente de grandes tramas e de grandes personagens. Ali se desenrolam, diante de nossos olhos, ao longo de 10 horas diárias, cinco dias por semana, por 30 anos a fio, enredos exemplares, marcados por passagens inesquecíveis – para o bem e para o mal. Trata-se de grande literatura. Em que somos atores fazendo o papel de nós mesmos, onde agimos como personas que representam aquilo que gostaríamos de ser, onde somos ao mesmo tempo o autor, o narrador e o protagonista da história.

Nas próximas páginas, divido com você um pouco do que registrei, debruçado por anos a fio sobre as divisórias que separam baias, expectativas e possibilidades.

2
A IMPORTÂNCIA DE PENSAR CONTRA A MARÉ

O QUE SIGNIFICA "FAZER SUCESSO"?

Começo nossa conversa com esse questionamento.

Sucesso é um desses conceitos que todo mundo incensa, que todo mundo persegue e que ninguém sabe definir direito, ou seja: a maioria das pessoas corre atrás de uma coisa que não sabe bem o que é.

Em sua acepção mais prática, sucesso é um conceito atrelado à carreira e aos negócios. E equivale a ganhar dinheiro, a construir uma obra profissional admirada pelos outros, que orgulhe seu criador e o suceda no tempo. Faz sentido pensar assim. Isso é realização profissional.

Mas sucesso pode ser outra coisa também. Pode significar muito mais do que isso.

Sucesso talvez seja estar satisfeito consigo mesmo, tocando a vida com paz de espírito, com a mente tranquila e com o coração sereno. Sucesso talvez seja acordar todo dia bem-disposto e dormir sempre com a consciência limpa, em harmonia consigo mesmo e com os outros. Sucesso talvez seja ter um número maior de dias felizes do que de dias tristes ao longo do ano. E estampar mais risadas do que cenhos franzidos.

Sucesso talvez seja ter equilíbrio e felicidade em todos os campos da vida, e não apenas no trabalho e nos negócios. Afinal, quem pode se considerar bem-sucedido, por mais dinheiro que ganhe, quando a família está em frangalhos?

Quando não namora mais a sua mulher (ou marido) ou não tem tempo de conviver com os filhos?

Sucesso também não é algo estático. Que você conquista e pronto. Sucesso é um estado de espírito que você precisa cultivar todo dia. E que é muito difícil de atingir e muito fácil de perder.

Sucesso também não é algo absoluto. Não se trata de um modelo binário de "sucesso/insucesso", que vai sem escalas de uma ponta da régua à outra. Não é assim que a vida acontece. Há uma infinidade de gradações nessa régua. Talvez o melhor fosse falar em "taxa de sucesso" para relativizar um pouco esse conceito e torná-lo mais próximo da realidade.

O sucesso muitas vezes angustia. Seja para obtê-lo. Seja, depois, para mantê-lo. Ou então para não se deixar escravizar por ele. Quando o sucesso se torna um peso e um sofrimento para quem o tem, ele deixa de ser digno do próprio nome. Aí ele se transforma numa outra coisa: uma impostura, ouro de tolo.

O tipo mais sólido e duradouro de sucesso parece ser aquele que chega aos poucos e que é construído organicamente, no dia a dia, ao longo dos anos. Sem pressa, sem atalhos, sem alavancagens irreais, sem autoenganos nem falsas ilusões.

No entanto, há alguns saltos quânticos que é possível realizar em direção ao sucesso. Por exemplo, quando o sujeito acerta uma tacada na vida e muda de patamar em sua trajetória.

Aí ele ascende na direção dos seus sonhos de modo mais veloz. O sucesso pode acontecer por acúmulo e por continuidade. Mas também pode acontecer por ruptura e avanço.

No mundo dos negócios, a aceleração do sucesso acontece quando você rompe os limites normais do mercado em que está operando. Para escritores, o sucesso literário ocorre quando o livro transcende os habituais compradores de livro e passa a ser comprado pelas pessoas que normalmente não compram livros. Best-seller é aquele livro que você encontra em bancas de revista, em supermercados, no caixa da padaria. Quando o livro esbarra na gente, é porque ele estourou de verdade.

Da mesma forma, um filme para arrebentar de verdade tem que atrair um público que não vai normalmente ao cinema. E uma novela que catalisa o país inteiro é aquela cuja trama acaba sendo acompanhada mesmo por quem não gosta de novela. Vale o mesmo para qualquer produto ou serviço, em qualquer mercado. Se o celular tem hoje uma penetração avassaladora no Brasil, é porque ele deu acesso à telefonia à gente que nunca tinha tido um telefone na vida. E assim por diante.

E aí chegamos ao coração dessa pequena reflexão sobre sucesso: cada vez mais só será possível ter êxito profissional se você romper com os paradigmas, se você atravessar as fronteiras estabelecidas, se você ignorar as expectativas e fizer diferente. Para fazer sucesso de verdade, será preciso inovar. E se reinventar. Sempre.

Quem não tiver estômago para correr esse tipo de risco, e decidir fazer mais do mesmo, operando na segurança do paradigma estabelecido e do modelo testado, dificilmente vai conseguir transbordar para fora do baldinho. Que é onde mora o êxito verdadeiro.

Quem preferir não desafiar a lógica nem o status quo nem o modus operandi será apenas mais um. Soará óbvio. Não vai gerar diferencial algum para si mesmo. E terá uma taxa de sucesso muito inferior àquela que poderia efetivamente ter se fosse um pouco mais ousado e criativo.

O QUE É SER "BEM-SUCEDIDO"?

Eu aprendo muito com meus dois esportes prediletos.

Boxe é esquiva e jabs. É manter o adversário a distância, é gingar na frente dele e tocá-lo na cabeça e no abdômen – sem deixá-lo tocar em você. Boxe é esgrima, é drible, é ser mais esperto e rápido do que o outro, é entrar e sair do campo de ação do oponente antes que ele consiga reagir. Boxe é isso. Boxe não é nocaute. Boxe não é olho inchado, nariz quebrado, sangue escorrendo. Ainda que nocautes sejam espetaculares e emocionantes, o boxe não depende deles.

Futebol é marcação, posse de bola, passes certos e, por fim, bola no fundo da rede adversária. Como dizia o mestre Rubens Minelli, futebol é todo mundo defender quando a bola está com o adversário e todo mundo atacar quando a bola está conosco. Futebol é consistência, regularidade, solidariedade, vontade de vencer, disciplina tática e boa capacidade técnica para realizar bem os fundamentos. Futebol não é o drible desconcertante. Futebol não são os gols de bicicleta nem os gols olímpicos. Ainda que dribles e golaços sejam obras de arte inesquecíveis, o futebol não depende deles.

Da mesmíssima forma, uma carreira bem-sucedida é fazer o que se gosta, pagar as contas, trabalhar com gente legal, construir uma obra, deixar um legado, guardar um pouco para o futuro, para não dar (muito) trabalho a seus filhos lá na frente nem passar necessidade na velhice. E usufruir a vida, saborear os dias, realizar coisas que lhe deem orgulho, se envolver com projetos que emprestem propósito e significado à sua jornada. E imprimir uma boa lembrança nas pessoas com quem cruzar em sua trajetória, fazer uma diferença positiva na vida dessa turma. E ser feliz. Semana após semana, mês depois de mês. (O tempo que temos à nossa disposição é terrivelmente curto.)

Embora grana e influência sejam prêmios legais para um profissional que fez por onde, é preciso ter em mente que uma vida bem vivida e uma carreira exitosa não dependem disso, e estão longe de passar necessariamente por enriquecimento, por acúmulo de poder, por eleger o trabalho como um deus pessoal pelo qual você se autoflagela e ao qual oferece a si mesmo e aos outros - filhos, mulher, marido, família, colaboradores - em oferenda.

A ÚNICA COISA QUE CONTA É A SUA OBRA. O RESTO É VENTO.

Se eu pudesse dizer apenas uma coisa com este livro, talvez eu escolhesse dizer isto:

Não é o celular que você tem, nem com quem você anda, nem quantas músicas descoladas você tem no seu tablet, nem se possui lugar marcado na garagem da firma ou não.

Não é o relógio hi-tech que você exibe na reunião, nem os nomes importantes que conseguiu contrabandear para dentro da sua agenda, nem com quem você consegue almoçar, nem se está pagando as prestações de uma casa no campo ou na praia ou apenas lutando para manter em dia o aluguel de um quarto e sala.

Não é o tênis de luxo que você comprou naquele outlet em Miami, nem os gestos charmosos que você foi aprendendo ao longo da vida no escritório, nem a sua caríssima calça de marca (que talvez diga mais sobre as suas fragilidades do que sobre o quanto você é esperto e bem-sucedido).

Não é o carro que você dirige, nem o número de amigos que você arregimentou no Facebook, nem a velocidade com a qual você consegue se adaptar aos termos de negócios que entram e saem de moda.

Não é nada disso, meu irmão. Não é nada disso, minha irmã.

O que conta, no final das contas, é uma coisa só: a sua obra. Isso é o que o define, o que o absolverá ou o condenará diante de qualquer corte, na hora de julgar a sua trajetória profissional, a começar pela sua própria consciência, até um empregador para o qual você sonha um dia trabalhar.

E o que é uma obra? Trata-se daquilo que você constrói ao longo da carreira. Aquilo que você pode, sem sombra de dúvida e sem qualquer risco de estar afanando algo que não pertence a você, chamar de seu. A sua real contribuição aos ambientes pelos quais passou. Os projetos que você bolou e fez virar, os resultados que você erigiu, aquilo que você criou e que vai suplantar no tempo, como uma daquelas marcas indeléveis que tem o poder de contar histórias.

Mas uma obra é mais do que isso. Trata-se também das pessoas que você conquistou pelo caminho. Dos afetos e do respeito que você angariou. Uma obra são as boas lembranças que você evoca, a torcida a seu favor que *sempre* existirá – ou que *nunca* existirá. Uma obra é o que algumas pessoas chamam de reputação: o modo como você será lembrado pelos outros – ou ao menos por aqueles que importam. Isso é uma obra – os seus feitos e o seu efeito nas pessoas que conviveram com você. As paredes que você levantou e as admirações que arregimentou – ambas as coisas são feitas de rocha sólida. Isso é o que ninguém jamais poderá negar a você. Isso é o que nunca poderão roubar de você, por mais que queiram.

O resto, meu amigo, minha amiga, acredite, é vento. O resto é espuma. O resto é pó.

Dá para empreender dentro de uma grande corporação?

Tem gente criativa e inovadora que você olha e diz – "Puxa, se ele (ou ela) faz isso tudo a partir do nada, imagina se pudesse contar com uma estrutura, com mais capital, com o apoio de um sistema mais sólido e bem montado, se tivesse mais recursos e expertises a sua disposição."

Quem produz a disrupção são geralmente empreendedores atuando fora das grandes companhias. Ou executivos atuando na periferia das grandes corporações, meio contra a maré de manutenção do status quo que costuma reger esses ambientes. (Ali eles são nômades no meio de sedentários, são viradores incomodando o establishment com suas inquietações santas.) Gente nem sempre jovem – mas sempre corajosa. (O critério etário está ficando cada vez mais irrelevante. Tanto há gente de pouca idade com alma conservadora quanto gente mais velha que não vive sem o novo.)

Bem, pode ser que sim, que mais estrutura e mais integração aos sistemas estabelecidos potencializem esses inovadores e suas inovações. Mas também pode ser que não.

Às vezes é mais fácil você modelar o éter, construir a partir do nada, como um MacGyver com instinto empreendedor, removendo todos os obstáculos a quem constrói algo novo onde antes havia apenas vácuo, do que remodelar aquilo que já existe, tendo que lidar com todas as resistências que derivam do histórico de ligações, hábitos, erros e acertos, dúvidas e paradigmas que estão plantados em um determinado ambiente, se desenvolvendo ali, há muitos anos, como amarras, como anteparos, como freios. Às vezes é mais fácil atuar fora do que dentro de uma estrutura.

Estruturas inteligentes costumam oferecer uma boa plataforma às boas ideias, trazendo os inovadores para perto – o que permite ao mainstream manter acesa e estrategicamente próxima de si a energia que move as mudanças. É quando, para o sujeito criativo, operar sobre uma plataforma preexistente realmente significa catapultar sua criatividade e seu potencial a um patamar muito mais alto do que ele poderia alcançar sozinho.

Na maioria das vezes, no entanto, as estruturas cedem ao medo. E atuam mais para se proteger do que para evoluir. E olham mais para trás do que para a frente. É muito mais seguro andar pela centésima vez pelo mesmo caminho, ainda que ele já esteja gasto e não leve mais a lugar algum, do que experimentar um caminho novo. Aí é quando, para o inovador, atuar a partir de uma plataforma já existente significa ter uma enorme, pesadíssima bola de ferro atada ao tornozelo.

Precisamos de mais gente disruptiva nas empresas

Tenho alguns amigos que trocaram a velha economia pela nova e que estão se reinventando na chamada economia criativa, feita de empresas líquidas (com grande flexibilidade para se amoldar às oportunidades e às demandas), de modelos de negócios (e de vida) disruptivos (que questionam os paradigmas existentes e reinventam os jeitos de fazer tudo) e de relações efêmeras (relacionamentos comerciais e profissionais que duram apenas o tempo que têm de durar).

(Bem, ao menos eles estão tentando trilhar esse caminho inaugural. Com todas as convicções e incertezas, com todas as descobertas e os obstáculos que os pioneiros enfrentam.)

Um deles, esses dias, sintetizou uma percepção para lá de interessante: o maior desafio das organizações humanas, especialmente as empresariais, e especialmente as mais tradicionais, daqui para a frente, será evitar que a estrutura acabe trabalhando primordialmente para manter a si mesma, em vez de servir aos objetivos da organização.

Eis o ponto: se costumamos imaginar que a máquina administrativa de um governo existe, em primeiro lugar, para manter e ampliar a própria máquina administrativa do governo, precisamos admitir que o mesmo é verdade nos ambientes mais glamorosos da iniciativa privada. A tendência de quem ocupa cargos e funções é, antes que tudo, garantir a sobrevivência daqueles cargos e funções.

A estrutura é formada originalmente para melhor gerir a complexidade da empresa. Trata-se de uma necessidade óbvia e de uma resposta natural a ela. Da mesma forma, a hierarquia é estabelecida como uma ferramenta administrativa para eliminar conflitos e para estabelecer uma linha de comando e de cobrança pela qual a informação e os direcionamentos possam viajar pela organização e ser cumpridos com rapidez e eficácia.

No entanto, ao se lotear o poder político e econômico entre as pessoas, gerando o status quo (que é basicamente um mapa de quais macacos estão sentados em quais galhos), a manutenção e a ampliação desse status quo passam a ser o grande vetor de ação das pessoas – e os objetivos da organização acabam ficando inevitavelmente em segundo plano.

O principal compromisso dos executivos é sempre com a sua carreira. E, só depois, com a empresa. Em primeiro lugar, o seu futuro. Depois, o resto. Esse é o paradoxo. Quem entre nós diminuiria o próprio departamento – mesmo que isso fosse a coisa lógica a fazer? Quem de nós abriria mão da participação num projeto de grande visibilidade, ainda que ele tivesse mais chances de ser mais bem desenvolvido por outro setor da companhia?

Sob essa lógica, gerar resultados só é bom se for bom para o próprio encarreiramento – senão é desgaste à toa, é trabalhar para os outros, é colocar a azeitona na empada alheia. Em primeiro lugar o conchavo, a tessitura de alianças que lhe assegurem o maior tempo possível sentado nas melhores cadeiras da empresa. Tudo mais é secundário.

Com o tempo, passa a imperar uma lógica que tira as atenções do mercado e da competição externa, e passa a jogar energia no ralo das questões intestinas da corporação, nas disputas internas. Importa cumprir as ordens pequenas, agradar o chefe, não incomodar os pares mais poderosos (e espezinhar somente aqueles menos seguros, para que se tornem aliados submissos ou para expeli-los). Importa se entregar à execução de uma estratégia lenta mas constante de fritura dos principais concorrentes às melhores oportunidades.

Aquele meu amigo, tanto quanto eu um egresso do mundo corporativo, refletia sobre essas contradições. Sem uma máquina administrativa, não se pode gerir uma organização. Mas como impedir que a engrenagem não se dedique a operar somente em seu próprio benefício?

Falamos em estruturas não hierárquicas, em que os agentes se conectam uns aos outros ao redor de projetos com começo, meio e fim. Falamos em organização do time ao redor de responsabilidades bem definidas, e não por meio de laços de subordinação funcional de longo prazo. Falamos de ambientes criativos e descentralizados, gerando resultados em rede, de modo colaborativo, sem uma liderança formal.

Isso não é utopia. Já está acontecendo por aí. Cada vez com mais frequência. Mas é um paradigma novo. Que precisa se provar em várias frentes. Ao menos uma coisa nos pareceu certa: o paradigma antigo não é mais a melhor proposta para gerar bons resultados e distribuir felicidade. (Talvez nunca tenha sido.) Resta inventar o novo.

Ah, sim. Tem um remo reservado para você nesse barco.

Por que odiamos tanto o que é novo

No fundo, são bem poucas as pessoas que gostam de inovação. Não estou falando de novidade. Isso todo mundo curte. Estou falando de inovação. A que tira o chão, debaixo de nossos pés.

Novidade é um jeito diferente de brincar com seu brinquedo antigo. Inovação é a troca do brinquedo com o qual você está acostumado por outro completamente novo, que você desconhece e que o desafia. Novidade não ameaça ninguém e ainda por cima dá um temperinho novo àquele velho modo de viver. Inovação traz ruptura. Encerra o passado e impõe o futuro. Dá medo. Põe por terra os paradigmas que ajudavam a organizar nossa existência e a ordenar nosso raciocínio. Por isso são bem poucas as pessoas que convivem bem com a inovação e com os solavancos que ela traz.

De modo geral, a inovação só ganha adeptos, só passa a ser admirada quando se torna o paradigma dominante. Parece contraditório. E é. Nós vivemos de inventar o novo, mas, ao mesmo tempo, não vivemos sem a tradição, sem um jeito testado e aprovado de fazer as coisas.

A maioria de nós gosta mesmo é do que está estabelecido. Aquilo que não é familiar nos gera desconfiança e desagrado. Nos coloca em risco. E nós somos avessos ao risco. Flertamos com o *underground*, mas gostamos mesmo é do que está bem fincado em cima da terra. Piscamos o olho para o charme *outsider*, mas todo mundo quer mesmo é estar por dentro, é estar incluído, é ter o nome na lista.

O que nos deixa tranquilos e contentes é o que dá certo, o que já foi comprovado, o que os outros aprovam e recomendam, o que não nos põe em xeque nem nos expõe nem nos tira da zona de conforto. Eis a verdade como ela é: a grande maioria de nós é *late adopter* e simplesmente não curte o friozinho na barriga da versão beta.

Eis o que me parece: a inovação só é tolerada, e só não é perseguida a céu aberto e à luz do dia a porretadas por um único motivo – ela sempre carrega em si a chance de virar o novo padrão. E nós somos escravos do padrão. É o medo que temos de que a inovação dê certo que faz com que nós a admitamos e nos verguemos a ela, mesmo a contragosto. Não fosse isso, a maioria de nós a baniria do vocabulário.

Tanto é assim que, quando a inovação não dá certo, ela vira chacota. Existe sinal mais claro de nosso desamor pelo novo do que torcermos para que tudo continue do jeito que está? Quando a inovação não vinga, ela recebe de nós toda a bílis, todo o sarcasmo, todo o sentimento de revide que é o que no fundo gostaríamos de poder dedicar a ela sempre. Porque a inovação nos faz sofrer com a promessa constante de desintegrar, a qualquer momento, tudo aquilo que considerávamos sólido, tudo aquilo que nos permitia dormir em paz vendo o mundo pelo retrovisor.

Você trabalha numa empresa *control freak*?

Discutir *dressing code* num mundo tão plural e multifacetado quanto este em que vivemos é um baita contrassenso. O próprio fato de haver uma regra nas empresas instando as pessoas a se vestir desta ou daquela forma demonstra o quanto o mundo corporativo ainda se espelha na gestão do Exército, com suas patentes, com suas hierarquias, com suas ordens-unidas e seus uniformes.

Ao tentar unificar o modo de vestir de seus funcionários, a empresa está buscando controle. Trata-se de uma relação de poder. É como se a corporação entrasse na loja para escolher a roupa de seus colaboradores. Ou abrisse com eles o guarda-roupa pela manhã para escolher o traje com que vão se apresentar ao trabalho. A sanha de ver todo mundo igualzinho, com a mesma insígnia no braço, marchando no mesmo passo, com o cabelo domesticado por um corte corporativo, lembra muito aquele ideal de galãs bem-comportados dos filmes em preto e branco do século passado.

Ao uniformizar as roupas, a empresa fica mais perto de uniformizar também o pensamento da tropa, de controlar as ideias, as falas e os gestos de seus colaboradores. Esse é um passo que as empresas *control freak* geralmente dão. Causa terror aos gestores de ambientes assim qualquer diferença, qualquer novidade, qualquer desconformidade. São lugares que nutrem uma repulsa visceral a repensar o estabelecido, a questionar os paradigmas em voga.

Como resultado, em empresas assim todo mundo se veste igual, age igual, pensa igual. Qualquer desvio de rumo (ainda que isso possa representar a salvação da lavoura), qualquer desterritorialização (mesmo que isso possa levar os negócios a um patamar superior de resultados) são vistos como insultos, como traição, como insubordinação.

A maioria das empresas ainda opera desta maneira. Incluindo aquelas que são muito modernas em sua comunicação, no seu marketing (graças, em grande parte, à atuação daqueles meninos com cabelo azul e unhas pintadas de preto da agência de publicidade), mas grandemente conservadoras no jeito de gerenciar seus talentos internamente.

E isso é bastante contraditório. De um lado, faz parte do discurso de quase toda empresa a cobrança por criatividade para resolver problemas, a demanda por pensar fora da caixa, a corrida para não ser envelhecido pelos *breakthroughs* da concorrência. Ou seja, ao menos no discurso, as companhias querem gente brilhante, sonham com um plantel com cara e jeito de Vale do Silício.

De outro lado, essas mesmas organizações coíbem as diferenças individuais na sua expressão mais básica: a roupa que o sujeito escolhe vestir. E esse, ao contrário do que possa parecer, não é um detalhe bobo. Roupa é uma linguagem. É uma expressão muito própria do humor, do espírito, do *background*, das particularidades de cada um. Roupa é, ou deveria ser, um direito individual inalienável. Aquela plaquinha de elevador, com texto antidiscriminatório, deveria incluir "vestuário" como um item a ser defendido do preconceito.

Ao pasteurizar as individualidades, ao liquefazer as diferenças numa geleia geral indistinta, como pensar de modo diferenciado? A padronização funcionava bem num mundo que valorizava a repetição de tarefas e o cartão de ponto, e em que as contribuições individuais atrapalhavam os processos estabelecidos. Hoje ela joga contra, nessa nova realidade em que é preciso descontrolar, descentralizar, em que os processos dependem de contribuições individuais livres e plurais para serem aperfeiçoados e irem adiante.

Eis o ponto: para ter um time com cara de Vale do Silício é preciso permitir a bermuda, a sandália, a bicicleta, a camiseta, a barba enorme, o horário flexível, o trabalho por projetos, o cabelo desgrenhado, a tatuagem, o piercing e outras mumunhas mais.

Será que sua empresa está preparada? Será que você está preparado?

Eu cruzei esses dias num shopping com um rapaz negro, com visual totalmente nova-iorquino: tinha os cabelos em pé, penteados para cima, um black power ligado na tomada, um cabelo duro explosivo, cuja legenda numa página de gibi seria "kabum!". Um visual moderno, um rasta poderoso e sofisticado apontando para o céu, com ares de Basquiat. Ou de Morgan Freeman sorrindo malandro em Cannes.

Enfim, um cara elegante. *Cool. Trendy.* Inspirador. (Não, não me apaixonei por ele, fique tranquilo.)

Imediatamente me dei conta de que tem uma pá de cabelos estilosos como aquele, invariavelmente os mais legais, os mais criativos, os mais instigantes, que não têm lugar no mundo corporativo. Que não são aceitos na imensa maioria das empresas. São incompatíveis com a cultura e com o código de vestimenta de grande parte das organizações.

Não quero aqui tecer um preconceito ao contrário, imaginando que todo mundo que tem um cabelo bacana é bacana e criativo ou que todo mundo que se veste de jeito divertido é divertido e inteligente. Mas desconfio que as empresas estão perdendo gente muito interessante ao fecharem as portas para quem lhes desafia esteticamente, para quem não consegue se enquadrar facilmente nos seus escaninhos e padrões preestabelecidos.

QUANTOS SAPATOS VERMELHOS HÁ EM SUA EMPRESA?

Ainda sobre o *dressing code*. A linha mestra é sempre dada pelo presidente e pela alta direção. O jeito certo de se vestir na organização é o jeito como eles se vestem.

O truque é que, quanto mais em dia você estiver com as suas obrigações, quanto melhores forem os resultados que você estiver gerando, menos atenção você precisará dar ao código de vestimenta.

O contrário também é verdadeiro: quanto mais o sujeito estiver devendo, quanto mais atrás ele estiver em relação às suas responsabilidades, menos liberdade terá para ser ele mesmo na empresa. Mais tentará se misturar ao ambiente, para não ser notado. A começar pelo modo de vestir.

O vendedor que estiver 150% acima da meta pode usar sapato vermelho. (Des)combinando com meias listradas, se quiser. Afinal, ele está sobrando naquilo que realmente interessa. Blindou-se contra discussões menores, contra achaques mezinhos. Ninguém vai criticá-lo por deixar crescer um cavanhaque estiloso. Ou por usar um anel bacanudo no dedão. Suas peculiaridades passarão a ser vistas como excentricidades, como expressões bem-vindas de individualidade e de gosto refinado, e não como insubordinação, imaturidade, ameaça ou ruptura unilateral com a cultura da empresa.

Já o gerente que estiver com apenas 50% da meta cumprida terá que usar mocassim preto, calça azul-marinho, camisa branca, paletó cinza, cabelo militar, gravata neutra, qualquer coisa que o torne menos visível e menos lembrado. A roupa comportadinha, definida pela média, terá a função de camuflar aquele sujeito no meio de todos os outros – porque não interessará a ele, naquele momento, demarcar as suas diferenças em relação ao grupo.

Então, quanto mais sapatos vermelhos houver em sua empresa, melhor. Preocupe-se não com a presença deles – mas com a sua ausência. Sinta-se incomodado não com as esquisitices no ambiente, mas com as mesmices. Desconfie do excesso de fatiotas – e não das camisetas coloridas e dos tênis ousados. Como na selva ou nos presídios, em que o silêncio e a calma normalmente precedem um ataque, a ausência absoluta de transgressão no escritório pode indicar que alguma coisa está sendo escondida, que há por ali um bocado de gente que não quer se expor, nem se mostrar, nem ser notada. Ou que barbaridades estão sendo operadas subterraneamente sob uma aparência de candura e conformidade.

Os trajes sisudos, outrora sinônimos de decência e retidão, serão cada vez mais ícones de gente moderada, pacata, tarefeira. Gente que prefere seguir a manada, se mimetizar no ambiente. Gente que nunca se expõe, nem dá um passo adiante, nem chama a responsabilidade para si. Gente que não faz diferença. Gatos gordos que só têm um objetivo na vida: poder tirar dali, com o menor sobressalto possível, um salário no fim do mês.

Nesse ambiente, farão muita falta pessoas dispostas a perguntar se as coisas poderiam ser feitas mais criativamente, de maneira mais rápida, mais barata, melhor. Procure por esse tipo de gente em cima de sapatos vermelhos – ou coisa equivalente. Por isso é preciso incentivar, festejar, fomentar a presença de alguns ícones desviantes.

Como cabeças raspadas. Ou longas cabeleiras. Ou enormes costeletas felpudas. Porque é deles que virão, mais provavelmente, as melhores ideias. Porque eles é que estarão dispostos a correr o risco de inventar o novo. Sem o qual todos estaremos mortos.

DEIXAI OS MELHORES SEREM MELHORES DO QUE OS OUTROS

Eficiência é fazer do melhor jeito.

Eficácia é simplesmente chegar lá – não necessariamente da melhor maneira.

A eficiência é sistematizável, reprodutível. Se você acertou uma vez e não consegue fazer de novo do mesmo jeito, você foi apenas eficaz, não chegou a ser eficiente.

Sistemas mais bem organizados costumam privilegiar a eficiência. Sistemas menos regrados, com maior dose de caos, costumam apostar as fichas na eficácia.

A eficiência tenta capturar a essência do êxito de modo a reproduzi-lo à exaustão. Um raciocínio absolutamente lícito – e irresistível para bons administradores. A busca pelo *the one best way* (algo como "o único melhor jeito"), o Santo Graal de Frederick Taylor, sempre me fascinou. Muitas vezes na vida fotografei a mim mesmo sendo somente eficaz, apenas chegando lá, não necessariamente da melhor maneira, e me sentindo um pouco mal por isso.

No entanto, nem tudo que não pode ser reproduzido por todos deixa de ter valor. Chegar lá, do jeito que o sujeito conseguir, é com frequência uma coisa suficientemente boa. (Mesmo porque um novo *the one best way* pode surgir daí, dessas tentativas avulsas.) Há rasgos ímpares de êxito, mesmo que jamais venham a virar sistema, mesmo que não tenham escala, que também merecem aplauso. Enfim, por mais paúra que isso possa gerar em espíritos controladores, há beleza e valor na inovação disruptiva, nas curvas que jamais virarão retas, naquilo que a gente não controla.

A supercompetência sempre rompe com o sistema instituído. Moscas brancas não são abarcáveis em processos – que são sempre construídos para funcionar para a média das pessoas. Quem está fora da curva simplesmente não segue a média – e não seria inteligente obrigar esses talentos a fazê-lo. O que gente muito boa faz simplesmente não é reprodutível – nem tem que ser. Ou seja: gente brilhante não é "eficiente". Ao contrário. Gente brilhante alcança a excelência – do seu jeito. E é preciso deixá-los soltos para que voem o mais alto possível. Se focássemos tudo na construção de sistemas, nos mecanismos que levam à eficiência –, estaríamos matando os fora de série.

Se a ineficiência é um predicado de gente ruim, a eficiência, como prática que exige método e regra, também não conversa com os superdotados. E é notável como a maioria das organizações rejeita, de modo mais ou menos consciente e refletido, o rock and roll proposto pelos que não se adaptam ao escaninho porque são melhores do que o escaninho.

Mesmo empresas relativamente descentralizadas, que sobrevivem mais à base da eficácia e dos acertos pontuais do que da eficiência e dos acertos estruturados, gostam mais de quem é previsível do que de quem não cabe nas réguas existentes.

O grande talento individual, cujas contribuições não podem ser comungadas facilmente pelo resto da tropa, se de um lado é valorizado pelo que agrega de novo, também costuma sofrer muito, e fazer sofrer muito também, exatamente pelas revoluções que espalha ao redor de si. E por não se encaixar no modelão geral que serve de hábitat para todos os outros, no grande esquema gerencial que regula o ambiente.

O supertalento faz as coisas funcionarem mais rápido. De um jeito vertiginoso, que nem sempre fica claro para os outros. E cujo brilho nem sempre tem método. Como um supercraque que rende mais e melhor se for deixado à parte do esquema tático, solto para criar jogadas e inventar gols.

Por tudo isso, regras especiais criadas para o uso exclusivo de poucos podem, sim, em vez de serem uma injustiça com todos os outros e um privilégio indefensável de alguns, fazer todo o sentido. As pessoas são diferentes. E algumas são melhores do que outras.

O EFEITO DARTH VADER

Tem uma cena ótima em **Star Wars**. (Entre tantas. **Star Wars** não é filme – é alta literatura. Especialmente o episódio V, **O Império Contra-Ataca**, o mais épico entre todos.)

A cena a que me refiro está no episódio IV, **A New Hope**, o primeiro a ser lançado, em 1977, que aqui no Brasil ficou conhecido apenas como **Guerra nas Estrelas**. É assim: tem uma hora que Darth Vader decide parar de mandar e vai lá fazer. Diz para os caras prepararem a sua nave de ataque, o seu caça particular, e vai ele mesmo para o pau. Ele é tido como o melhor piloto da galáxia. E naquele momento ele sente que o trabalho requer a sua atuação pessoal e direta. Não é o caso de mandar alguém fazer – a situação pede que ele mesmo vá lá desentortar o pepino.

Então Darth Vader sai do estratégico e vai para o operacional, sai do quartel-general e cai na trincheira. E prova, ao vivo, tudo aquilo que se diz dele. Entre tantos arquétipos fenomenais, entre toda a mitologia repassada em **Star Wars,** está aí um paradigma fundamental: só pode mandar quem sabe fazer. Só é respeitado quem, na hora H, sabe fazer bem. Só pode liderar quem prova que merece essa ascendência sobre os outros, metendo a mão na massa quando necessário e mostrando, para quem quiser ver, como é que se faz.

Há uma beleza muito grande nessa construção. Chefe tem que saber falar. Tem que inspirar, indicar o caminho.

Mas tem que saber agir também. Tem que ser tão bom na prática quanto na teoria. E tem que provar sempre que for preciso por que, afinal, está sentado naquela cadeira. O líder precisa deixar claro que está naquela posição por competência técnica, antes de qualquer outro motivo. (No fundo, é só isso que os subordinados realmente reconhecem e respeitam num chefe. O resto é medo.)

Um diretor de redação tem que saber fazer uma reportagem melhor do que o seu melhor repórter. Nem que seja de vez em quando, só para relembrar os bons tempos ou para mostrar, inclusive para si mesmo, que ainda está em forma. Um diretor comercial tem que fazer uma apresentação melhor do que o seu melhor executivo de vendas. E assim por diante.

Há algo de mágico quando o chefe veste a chuteira, entra em campo e encanta. Ninguém é melhor piloto de guerra do que Anakin Skywalker – e ele prova isso toda vez que é preciso. Lembro muito bem de Falcão, um dos maiores volantes de todos os tempos, como técnico da Seleção, no começo da década de 1990, mostrando para os boleiros como é se pega um rebote de fora da área, em treino na Granja Comari. Chutava com os dois pés. E guardava bola após bola no mesmo ângulo da meta defendida por ninguém menos que Taffarel. "Isto é poder, meu rapaz." (Sim, essa frase é de Thulsa Doom, em **Conan**, na interpretação do grande James Earl Jones – que, aliás, foi quem emprestou voz a Darth Vader.)

É fato que o maior talento de um chefe é saber contratar gente melhor do que ele. Mas quando, além de atrair para a sua equipe os melhores gatilhos do Oeste, o chefe também é aquele que saca mais rápido, faz-se a luz e tudo fica mais bonito.

Por que complicamos tanto?

Há uma espécie de regra invisível no mundo corporativo: complicar o que poderia ser simples.

De um lado, tem a ver com o tamanho da empresa. Quanto maior a corporação, mais lentos, confusos e intrincados tendem a ficar seus processos. Apesar dos recursos que ela tem para investir em gestão, na montagem de sistemas que a tornem mais fluida e eficiente.

De outro lado, tem a ver com o estilo das pessoas que perfazem a empresa. É possível tornar inextrincável uma operação com apenas meia dúzia de cabeças trabalhando dentro de uma sala. Ou seja: nem sempre uma estrutura enxuta é mais intuitiva, direta e simples.

Eis o ponto: em organizações empresariais, na maioria das vezes, e independentemente do seu tamanho, a gente torna difícil o que é fácil, torna complexo o que é simples, de modo a tornar tudo mais custoso, obscuro e trabalhoso – talvez, em alguma medida, para justificar o nosso próprio trabalho e a própria existência de nossos cargos. Gerentes existem para gerenciar problemas. Sem problemas, haveria menos gerentes.

Nós, os executivos, precisamos de problemas para garantir nossos empregos. Eliminar os problemas das nossas vidas e das empresas em que trabalhamos significaria, no limite, eliminarmos a nós mesmos.

Quantas vezes o sujeito não estava na posição de estufar as redes e correr para o abraço, mas parou a jogada e ficou tocando a bola de lado para não resolver tudo rápido demais?

Quantas vezes o que tinha de ser feito, na hora em que tinha de ser feito, deixou de acontecer em nome de uma amarração política para os lados, para cima e para baixo? Era preciso aprovar com os diretores. Era preciso esperar que o comitê se reunisse para deliberar. Era preciso validar com os pares.

Quantas vezes você mesmo não limpou o goleiro e estava a dois centímetros de marcar um golaço, mas decidiu, por pressão dos outros ou por cagaço próprio, jogar tudo num Power Point com 150 telas (ou Keynote, se você for chique), e esperou cinco semanas até que a agenda de todos os decisores permitisse uma reunião de apresentação, para só então a discussão começar, e a análise do óbvio subir e descer pela hierarquia, agregando novos pontos etéreos e irrelevantes pelo caminho, até tudo terminar numa gaveta, ou até tudo voltar para você desfigurado e sem sentido, ou até o timing daquela oportunidade ter passado completamente, ou até que se decida pela platitude de deixar que você faça rigorosamente do jeito que havia proposto lá atrás?

Sim, a vida executiva é cheia dessas maratonas malucas de confirmação do que está explícito, de circunvoluções em torno do óbvio, de procrastinações inócuas diante de decisões evidentes.

A burocracia está sendo substituída nas corporações pela verbocracia. (Enquanto você estiver falando, não precisa realizar, certo?) A verbocracia é a arte de fazer o cronômetro correr na base da saliva, sem encaminhar nada concreto, atravancando processos que poderiam ser mais escorreitos, de modo a travar os fluxos, a retardar os movimentos, torcendo todo dia para que as 18 horas cheguem logo.

Outra praga corporativa é o reunionismo. Trata-se da arte de gerar documentos e reports e atas e e-mails e invites – que, em vez de nortearem ações concretas, celebram exatamente a inação geral e irrestrita. Se o seu tempo está alocado em escrever ou ler relatórios, em preparar ou assistir a apresentações, você também terá o álibi perfeito para não vender nada, não produzir nada, não inventar nada, certo? Em ambientes assim, desconfia-se de tudo que seja rápido e simples. Nada que não seja truncado tem valor.

A começar pelas apresentações e pelos relatórios – documentos que não tenham no mínimo 100 telas não são respeitados, não têm mérito. Nós nos tornamos adoradores de calhamaços – exatamente porque eles nos embotam, como uma droga que nos exime de agir. (Eu penso que programas como o Power Point e o Keynote deveriam ter uma trava na 30ª tela. A história que você não conseguir contar em 30 slides está mal concebida ou mal depurada ou simplesmente é uma história ruim, confusa, que carece de mais raciocínio, de mais clareza, de mais organização. Concisão é uma virtude subestimada nas organizações.)

Por que uma empresa permite ou estimula hábitos tão custosos quanto o reunionismo e a verbocracia? Por uma simples razão: controle. Ao atrasar o processo de decisão e aumentar o tempo de resposta para a solução de um problema, a corporação está assegurando que ninguém ali vai sair fazendo o que quer que seja antes de passar por uma miríade de instâncias de aprovação. Antes de dar conhecimento e beijar a mão de uma pá de gente bem postada. (Ou seja: trata-se também de uma defesa do status quo, de um movimento de eternização de tudo e de todos em seus devidos lugares, a salvo de ideias novas e de iniciativas que coloquem as estruturas de poder ou o equilíbrio interno em risco.)

Claro que os inovadores chegam completamente exaustos ao final desse processo, de tanto defender internamente seus projetos. E muitas ideias simplesmente morrem ao longo dessa via crucis. Portanto, a verbocracia e o reunionismo também servem com um filtro, como uma prova de resiliência para as novas ideias – e também para quem as gerou.

A batalha interna é quase sempre mais renhida do que a externa. Ou eu sou o único aqui nesse recinto que sei que no mais das vezes é muito mais cabeludo vender um projeto dentro da empresa, para o seu chefe e para o chefe do seu chefe, do que lá fora, para prospects? Acaso sou o único aqui que conhece casos em que projetos já comprados por clientes externos acabam tendo que ser desvendidos, e até desfaturados, por falta de uma aprovação interna?

É claro que a empresa gasta muito mais tempo e dinheiro com o reunionismo e a verbocracia, ao forçar essa longa e imbricada amarração das coisas internamente, do que se permitisse que as novas ideias fossem executadas e chegassem ao mercado. Mas isso mexeria na hierarquia. E no controle. E na estrutura de poder. E com essas coisas não se mexe. Mesmo que fique mais caro. Não é a economia, estúpido. É a política.

VOCÊ JÁ DESTRUIU UMA REUNIÃO?

Eu adoro destruir reuniões. E você? Sugiro que você tente. Será bom para você. E um bem que você fará ao mundo.

Reuniões fazem parte da vida da gente, são ferramentas importantes na engrenagem corporativa. Especialmente quando produzem ou encaminham decisões. Destruir reuniões funciona assim: chegar às melhores conclusões passando o menor tempo possível imerso nas digressões intermediárias.

Destruir uma reunião significa adiantar as respostas, antecipar as soluções, acender a luz dentro do recinto, tornar tudo o que viria a seguir desnecessário porque você já resolveu o problema que todos vieram até ali resolver.

Destruir uma reunião é condensar em 10 minutos matadores o que poderia tomar duas horas de conversas em zigue-zague. Destruir uma reunião é economizar o seu tempo e o tempo dos outros. E permitir assim que todos possam se dedicar à implementação concreta das ações.

Destruir uma reunião é acelerar os processos que geram a clareza de raciocínio. É chegar antes no consenso que faz avançar. Não é fácil. E não é sempre que dá para fazer. Mas quando acontece é lindo.

O anti-herói dessa história é o cara que adora reunião. Gosta tanto que prefere as ineficientes, porque duram mais. E contribui como pode para que elas sejam assim. Esse é o criador de reuniões. O cara que gosta tanto dos problemas que, se não houver um, ele o cria – só para ter o gosto de tirar um monte de gente de suas rotinas e enfurná-las numa sala por horas a fio; só para ter alguma coisa para procrastinar.

Você conhece a figura: exatamente por não ter o que dizer, ele monopoliza a palavra. (As reuniões oferecem o palco perfeito para o seu egocentrismo improdutivo.) O negócio do criador de reuniões é ouvir a própria voz. Quanto mais tempo ele puder ensaboar, dourar, mastigar, ensebar, tergiversar, menos tempo ele terá que empenhar – e desempenhar – lá fora, trabalhando de verdade.

No fundo, o criador de reuniões quer palco e plateia para o seu blá-blá-blá – ele não é definitivamente o tipo que pega o fuzil e mete o próprio coturno na lama para liderar a próxima blitzkrieg sobre os adversários. (E eu às vezes penso que o verdadeiro adversário é ele.)

3

VOCÊ DIANTE DE SI MESMO

O QUE FAZ VOCÊ FELIZ?

A felicidade humana é um mistério. Inclusive a felicidade profissional. Não se sinta sozinho nessa busca. Embora ela seja individual. As decisões nesse campo são intransferíveis. E há nisso um bocado de solidão. Mas os dilemas relacionados com trabalho e carreira são ao mesmo tempo universais. E, portanto, dizem respeito a todos nós.

Eu também me digladio, todo dia, com essas opções que definem a vida da gente: ser executivo ou empreender, ficar nesse emprego ou mudar, evoluir nessa profissão ou trocar de área, virar gestor ou avançar na carreira em Y como especialista, abrir um monte de frentes novas ou focar tudo numa trilha só, lançar um novo produto ou serviço ou investir em melhorar as ofertas que já existem, dar o próximo salto, acreditando ser ainda jovem, ou reduzir a marcha e começar a administrar o jogo, com a sensação de que a idade está chegando.

São questões cruciais e para as quais não há respostas automáticas. Nem fixas. Cada um de nós achará o seu caminho. E essa resolução precisará ser checada de tempos em tempos – porque o cenário muda e, com a mesma velocidade, as respostas anteriores perdem a validade. Nós sempre nos transformaremos amanhã em alguém que não éramos ontem.

Não é fácil navegar nessas águas. São decisões de alto impacto pelas quais a gente tem que se mover com inteligência. Às vezes, durante o nevoeiro, levando o barco devagar, como o velho marinheiro na bela letra do samba de Paulinho da Viola. Às vezes, metendo a mão no leme, dando um cavalo de pau e arremetendo por uma rota totalmente nova. Não tem regra. E não há garantias.

Eu acredito no poder do indivíduo de se movimentar em direção àquilo que ele realmente quer. Essa é uma força sagrada. Para utilizá-la bem, é preciso, antes de mais nada, ter claro o que é que você deseja. Trocar de lugar ao acaso, pela simples troca, não resolve nada. No ponto de partida de qualquer jornada bem-sucedida repousam algumas questões seminais: quem é você? Quem você gostaria de ser? O que faz você feliz, o que o realiza? O que você *não* nasceu para fazer, o que você *não* deseja para si?

Autoconhecimento é fundamental. E a inércia diante de uma situação desconfortável é sempre o pior caminho. Porque o desconforto só vai aumentar. E é sua obrigação virar esse jogo. O mundo, o mercado, as empresas e as demais pessoas não têm a menor obrigação de fazê-lo feliz. Essa obrigação é sua. Sua alegria não é relevante para o funcionamento das engrenagens ao seu redor – mas ela é fundamental para o funcionamento das engrenagens dentro de você. Desistir disso o levará para o cinismo, para a amargura. E isso é o pior que você poderia deixar acontecer consigo mesmo.

É preciso lembrar que a felicidade é um estado fugidio. Ela acontece em ciclos que não duram muito. A alegria e a realização são sentimentos nômades, que nunca dormem duas noites seguidas no mesmo lugar. Não podemos abordá-los com uma lógica sedentária – de quem imagina que acertar no alvo uma vez vai garantir sorrisos pelo resto da vida. O "viveram felizes para sempre" só existe nos contos de fada. (E, mesmo lá, cá entre nós, deve implicar um tédio desgraçado...)

Para continuar sorrindo é preciso se manter em movimento, renovando os ciclos, inaugurando projetos, reabastecendo sonhos, vivendo o agora, olhando para a frente. Sempre na direção daquilo que lhe é central. Nunca em qualquer outra direção.

O QUE O MOVE?

Até que um dia você percebe que chegou lá.

Conquistou o que desejava para si, o que sonhava lá atrás, quando invejava quem tinha roupas mais quentes para se proteger do frio nos dias de inverno, e um tênis mais bacana para ir a uma festa cheia de garotas, e mais que duas calças e três camisas no guarda-roupa, e quem sabe até uma namorada para beijar doce e tepidamente na penumbra do cinema ou no aconchego de um sofá. Você não tinha nada disso. Você conquistou tudo sozinho. Parabéns.

Então você se equiparou à condição de quem ia de carro para a escola nos dias de vento e chuva em que a água batia de lado, gélida, debochando do seu guarda-chuva inútil, e deixando você encharcado da cintura para baixo, e encarangando-o pelo resto da manhã. Então você conseguiu o quinhão de conforto com que sonhava quando queria ter um pote de maionese na geladeira e alguma coisa além da ração básica no armário simples da cozinha. Você sonhava um dia não ter mais que regular a quantidade de comida que iria ingerir a cada refeição por motivos de economia. Você desejava poder comer fora de casa vez em quando.

Então você chegou lá. Tudo isso é passado. Um passado que você carrega no coração, é verdade. Porque está impresso para sempre dentro de você. Mas, de todo modo, um passado que não existe mais como realidade para você. (Como pesadelo ocasional, talvez.) Hoje você frequenta restaurantes. E deixou de escolher as opções do cardápio pelo preço. Hoje seu problema com a comida é evitar os excessos, para manter o peso. Os tempos não são mais de escassez. Essa é uma obra que você construiu com as próprias mãos. Parabéns.

Você batalhou, ralou, cresceu, mudou de vida. Atravessou o rio, a custo de muito nado e de alguns caldos. Hoje habita e desfruta da outra margem, onde sempre quis estar. Coisas antes inimagináveis como uma casa e um carro se materializaram em sua vida. E você, que se sentia um peso para os seus pais, hoje sustenta uma família. (Mais de uma, se for fazer bem a conta de todas as pessoas que dependem de você.)

É espantoso, quase inacreditável, que tudo isso tenha acontecido. Em tão pouco tempo. Ainda hoje são benesses alienígenas quando olhadas do planeta de onde você veio.

São presenças em sua vida das quais você ainda duvida. Como se você não as merecesse. Como se não lhe fosse dado tê-las. Como se não lhe fosse possível mantê-las. Como se elas fossem conquistas provisórias, conjunturais, que estivessem sempre a um passo de escapar por entre seus dedos para nunca mais. Como se você, no fundo, ainda pertencesse à outra margem. Um lugar pobre. Triste. Desolado. Sem esperança.

Parabéns. É isso o que tenho a dizer. Você superou muita coisa para estar aqui. E agora que chegou aonde queria, e talvez até além do que poderia imaginar, me permita perguntar o seguinte: o que o move? O que continua impulsionando-o, fazendo-o ir adiante, tirando-o todo dia da cama? Qual é o novo Norte para você, que se tornou um pragmático, um soldado da eficiência, um herói da produtividade, um escravo da remuneração e da ascensão social?

Você, que nunca se permitiu fazer o que queria, que nunca correu atrás de uma paixão genuína porque isso era um luxo, premido que estava pela caminhada no fio da navalha em direção ao andar de cima, enforcado pelas responsabilidades e obrigações. Você que correu atrás de melhores condições, de uma existência mais digna, e que conseguiu tudo isso para si e para os seus. Você agora terá de achar um novo mote para seguir vivendo com gosto, sem enfado, sem enfaro, sem essa sensação insossa de que a vida já acabou, sem essa meia vontade irracional de morrer, como que para não correr o risco de perder tudo o que conquistou – nem ter de testemunhar o degringolar das coisas logo adiante.

Esse novo combustível é uma nova causa. Uma nova crença. Algo que o reinvente, que o reconecte, que o faça renascer. Porque viver sem paixão é uma experiência triste, oca, opaca. Porque trabalhar sem paixão, só pelo dinheiro, é um tipo vil de prostituição. Você vira um dinheirista, põe foco na coisa errada. Vira uma pessoa desinteressante – porque sem interesses. E sem brilho no olho. Você não é assim. E a vida não é feita disso.

A vida é feita de paixão. De entusiasmo por pessoas, por ideias, por projetos, pelo trabalho. Você não garante nada lambendo os louros do passado. O único jeito de lidar com a impermanência de tudo é continuarmos ativos, criando, abraçando novos desafios que nos estimulem. O dinheirista, que focou demais no bolso, seja por opção ou por necessidade, perde o gosto pela jornada. Vai se descolando do que a vida tem de melhor e mais gostoso. Vai perdendo a capacidade de sorrir, de ser leve, de ficar contente, de sentir tesão. Vai ficando descascado, embrutecido, sem verniz. Vai perdendo o respeito por tudo, pelos outros, por si mesmo. Perde o paladar. Sente medo da velocidade, desenvolve ojeriza pelo vento batendo na cara. Prefere o cheiro de mofo da caixa-forte. Onde tem a ilusão de que o tempo parou. E de que as conquistas pregressas podem de algum modo se tornar eternas.

É quando o sujeito sucumbe ao lado sombrio da Força. Uma tragédia. Especialmente como resultado de ter alcançado aquilo que almejou um dia.

Hora de mergulhar de novo, de cabeça, na torrente da vida.

Você já se escutou hoje?

A maioria de nós não se escuta. Fecha os ouvidos à sua voz interior.

Quem não se escuta sabe muito pouco sobre si mesmo. Não consegue responder às questões mais básicas: esta é a profissão certa para mim? Que atividade me faz acordar feliz às segundas-feiras?

Na hora de escolher uma carreira, fazer essas perguntas – e ouvir as respostas que nos damos – é fundamental. Antes que tudo, no entanto, vale definir bem: o que é uma carreira?

Ofereço uma hipótese: carreira é a soma da curva de aprendizagem com a curva de felicidade em uma determinada profissão. Uma carreira só começa, e só existe, quando produz felicidade. E uma carreira acaba sempre que deixa de oferecer aprendizagem. Eis os dois combustíveis de uma vida profissional feliz: instrução e divertimento. Sempre que um deles – ou ambos – não estiver lá, aquela carreira já acabou para você. Ou ainda não começou.

É possível ter um emprego a vida toda e não experimentar, ao longo desse tempo, a sensação de construir uma carreira.

Você pode trabalhar duro, ter uma ocupação séria, ser descontado covardemente pelo governo e pelos sindicatos, ter mil carimbos na carteira de trabalho e mil compromissos na agenda, cumprir horários excruciantes e aguentar aporrinhações de todas as cores e cheiros, ter chefes brutais e subordinados moloides, ganhar um salário faraônico ou famélico e, mesmo assim, não ter uma carreira. Basta não estar feliz ou não estar aprendendo para que tudo isso seja apenas um trabalho – e não uma carreira.

Holerite polpudo, estabilidade, benefícios, status, poder, crescimento, empregabilidade, reconhecimento. Tudo isso é consequência de uma escolha de carreira bem-feita. Nada disso pode determinar essa escolha. Um sujeito não é bem-sucedido *porque* ganha bem. Ao contrário: as pessoas só ganham bem *porque* são bem-sucedidas no que fazem.

E qual é a chave para escolher bem uma carreira?

Ofereço outra hipótese: a regra básica é olhar para dentro, para si mesmo, em vez de para fora, para os outros, para o mercado. Auscultações externas – testes vocacionais, conversas com parentes, consultas a profissionais, leitura de livros como este, audiências com mentores, palestras motivacionais – podem apenas gerar parâmetro para quem está na posição de decidir. Mas jamais poderão gerar a própria decisão. A escolha de uma profissão depende de outra auscultação, bem mais difícil de realizar – a interna. É lá que está a resposta para quem deseja saber o que fazer da vida.

O risco de só olhar para fora na hora de decidir por um caminho profissional é alto. Os fatores externos ao sujeito são muito mais volúveis do que os internos. Hoje o mercado de trabalho para designers de moda e bioengenheiros talvez esteja bom. Amanhã poderá não estar. Numa década os salários de bancários e professores podem ser vultosos e, na década seguinte, miseráveis. As carreiras mais quentes daqui a 10 anos provavelmente nem foram inventadas ainda. Como ancorar sua decisão em elementos tão voláteis?

Carreira é aquilo que acontece dentro de você enquanto você trabalha. É ali, no coração (curva de felicidade) e na mente (curva de aprendizagem), que a sua análise deve se situar. Não olhar para dentro nesse momento de decidir o caminho a seguir significa ignorar os quesitos essenciais de uma escolha de carreira bem-feita: o que me faz feliz? O que eu quero fazer da minha vida?

Claro que os resultados de uma auscultação interna também se modificam. Afinal, a gente se transforma – quase sempre à revelia da nossa própria vontade. O mundo está cheio de médicos que um belo dia se descobrem chefs de vocação. E de engenheiros que decidem virar pianistas. Só que, quando o cenário exterior muda, lá fora, você fica para trás. Quando o cenário interior muda, dentro de você, você vai junto. Então é preciso ancorar as decisões na terra mais firme que existe do ponto de vista dos seus interesses, por mais movediça que ela possa parecer às vezes: você mesmo.

Você trabalha para quem?

Não se engane: grandes profissionais nunca trabalham para os outros. Não trabalham para empresas, para chefes, para marcas ou corporações. Grandes profissionais trabalham sempre para si mesmos. Ainda que estejam ligados a uma companhia e atuem dentro de um processo, de uma hierarquia, eles jamais esquecem que devem satisfação somente às carreiras que estão desenvolvendo e à história de vida que estão escrevendo.

Há quem conte vantagem por investir sempre o menor tempo possível na carreira, por se envolver com o trabalho no limite mínimo, da mera subsistência funcional. É gente que preza não assumir responsabilidades, que busca sempre passar oportunidades e desafios adiante. Esse tipo de profissional fica sempre muito aquém do ponto máximo que poderia atingir em sua carreira. São pessoas que não gostam de verdade da vida executiva. Deveriam estar fazendo outra coisa que as divertisse mais. Talvez se trabalhassem por conta própria, situação em que você de fato trabalha para si mesmo, se poupassem menos, se doassem mais. Assim talvez construíssem uma obra mais significativa.

Há uma regra imutável quando o assunto é trabalho e crescimento profissional: qualquer atividade, para ser bem realizada, demanda amor, suor, entrega. Quando a lei do menor esforço suplanta a todo momento todas as outras preocupações do sujeito, alguma coisa está errada. Alguma coisa vai dar errado.

Outro comportamento que trava o grande desempenho é sentir dó de si mesmo. Isso é bem comum. Quem nunca se sentiu o grande injustiçado? Pela posição que lhe deram, pelo projeto em que você está envolvido, pelo salário que lhe pagam, pela politicagem corporativa que às vezes se volta contra você, pelo chefe que você tem. Só que a autocomiseração é um vício. É uma praga que paralisa e destrói lentamente a vitalidade e a própria autoestima de um profissional.

De um lado, você pode sentar à beira da estrada e dedicar seu tempo às lamúrias, a uivar aos ventos, a lamber obscenamente as próprias feridas. (Sentir pena de si mesmo é uma carícia que, quando você se dá conta, está arrancando a pele e arranhando a carne.) De outro lado, no entanto, é preciso perceber que ninguém é vítima de nada. (Ou então que todos somos vítimas de tudo – o que nos iguala de novo e, portanto, dá no mesmo.) Cada um de nós constrói, ou tem condição de construir, seu caminho do jeito que considera o mais correto. Ninguém aqui, portanto, pode se considerar mais coitadinho do que qualquer outro ser humano igualmente cheio de fantasmas, traumas, dúvidas, dificuldades. Este é o denominador comum entre todos nós.

O que nos torna diferentes, o que distingue os gênios dos idiotas, e os homens dos meninos, e as pessoas que realizam daquelas que vivem frustradas, é como lidamos com esses obstáculos. O que faz a diferença é o que conseguimos construir com a matéria-prima sempre imperfeita da qual somos feitos. Você é só mais um na multidão – para o bem e para o mal. E tem, a qualquer momento, no instante mesmo em que está lendo estas linhas, o poder – e o dever – de fazer da sua vida a melhor que puder. O que lhe aprouver. Correndo os riscos de acertar e de errar. Só não dá para ficar parado. Mova-se. Na direção de si mesmo e da sua própria felicidade.

Muito antes de trabalhar para alguém você está escrevendo a sua história. Na qual você é tanto o autor quanto o protagonista. Pela qual você será lembrado. E não só no mundo dos negócios, mas na vida. Perseguir a alta performance fará bem para a empresa em que você trabalha, é verdade. Mas fará muito mais por você. Capriche na caligrafia, na sonoridade das frases, no encadeamento de cada parágrafo. Esta história que você escreve ao viver, dentro e fora da empresa, é o texto da sua existência, a fábula da sua carreira, a narrativa de suas trajetórias pessoal e profissional. Trata-se do registro da sua passagem por esse planeta, a mensagem e o exemplo que você deixará para quem vier depois.

Ser muito bom, portanto, não é uma simples exigência do seu chefe ou da empresa. Não é só um investimento em sua própria empregabilidade ou uma pressão dos outros, do mercado. Também não é mero motivo de orgulho para a sua mulher, seus filhos, seus pais. Antes que tudo, colocar todos os cavalos do seu motor para funcionar deveria ser um interesse primordial seu, um compromisso íntimo, uma vaidade benfazeja que o empurra adiante, em direção ao que algumas pessoas chamam de sucesso.

O QUE AS PESSOAS ENXERGAM QUANDO OLHAM PARA VOCÊ?

Tem gente que é agradável, tem carisma, deixa todo mundo em volta naturalmente à vontade. São aquelas pessoas que conquistam sem fazer força, viram líderes mesmo que não queiram. São pessoas populares, que quase não têm oposição, que estão sempre beirando a unanimidade. Elas têm admiradores fiéis. Quando falam, agradam instantaneamente, cativam a atenção da audiência. Você simplesmente não consegue tirar os olhos delas.

Você não percebe, mas geralmente acompanha as palavras de um sujeito assim com um sorriso nos lábios. Você gosta dele ou dela sem saber direito por quê. Mas gosta. Vira fã. Quem pertence a essa estirpe tem uma capacidade imensa de ser gostado, de gerar simpatia, de angariar cumplicidade, de ter gente torcendo e operando a favor. De graça, por puro magnetismo pessoal.

Na ponta oposta da régua tem gente que é naturalmente desagradável, chata, sem brilho. São as pessoas que irritam à revelia de sua própria vontade. Deixam todo mundo à volta incomodado, afastam sem querer, funcionam como aquele adversário comum capaz de unir desafetos contra si. Costumam desestabilizar os ambientes em que estão, sem precisar fazer nada para isso. A sua capacidade de serem desgostadas, de gerarem oposição, é uma força invencível. Elas querem se tornar queridas e não conseguem. Você quer simpatizar com elas e não consegue.

Pessoas com esse estigma, quando crianças, nunca eram convidadas para passar a tarde na casa de alguém da turma. Na adolescência, viraram aquela figura com quem ninguém queria muito contato. Quando falam, causam urticária no interlocutor.

Você não percebe, mas se retorce na cadeira e balança a perna nervosamente e coça a cabeça em discreta agonia quando precisa ouvir a fala de um sujeito assim. Você simplesmente não gosta dele, ou dela, e nem sabe direito por que isso acontece.

Eu já ouvi, a meu respeito, um bocado de *feedbacks* falando de antipatia nata, de ar arrogante, de tom de voz e de gestual que desagradam. Esses dias, numa reunião, percebi que o presidente da empresa que eu estava visitando me ouvia com as duas mãos retorcidas sobre o rosto. Com os dedos trançados, ele me olhava com um olho só, por uma fresta entre o anular e o mindinho. Uau, pensei, isto sim é capacidade de incomodar com a simples presença!

A versão dessa história mais simpática a mim mesmo me faria acreditar que o presidente, um pavão, não estava suportando minha apresentação, que eu tocava de modo convincente, num dia particularmente inspirado, porque isso de algum modo incomodava seu ego.

A versão menos generosa me faria acreditar simplesmente que eu tenho um problema sério de postura e de aparência para resolver: uma capacidade involuntária de deixar as pessoas pouco à vontade na minha presença, de causar más primeiras impressões.

Felizmente, também já ouvi a meu respeito que sou um interlocutor que oferece ao outro uma sensação bacana de cumplicidade, como se estivesse preparado para ouvir qualquer coisa, como se estivesse sempre pronto a aceitar e acolher o que quer que precise ser dito, sem julgar, sem condenar. E que isso deixaria as pessoas relaxadas na minha presença, porque minha oferta seria sempre a solidariedade, a confiança e a compreensão.

Entre uma versão e outra, sigo na trilha de mim mesmo, tentando decifrar nas retinas alheias um pouco mais sobre mim. É nos olhos do outro que descobrimos quem somos de verdade.

E OS SEUS OLHOS, O QUE DIZEM DE VOCÊ?

Há várias maneiras de disfarçar quem você é realmente. Quem já apanhou demais por ser ousado (e desistiu da ousadia em nome de não incomodar os outros) pode se esconder em um corte de cabelo conservador, em gestos bem estudados, em falas insossas, em fatiotas bem-comportadas. Quem subiu na vida sem se sofisticar e está ganhando dinheiro, mas intelectualmente continua um jeca, pode se escudar em roupas de grife, carros de luxo e sapatos caros. Quem morre de insegurança pode se escorar num tom de voz arrogante, como se soubesse todas as respostas para todas as questões.

Só há um detalhe que o entrega e que vai entregar sempre: seus olhos. Aí não há disfarce possível. Seu jeito de olhar deixa explícito quem você é lá dentro. Ninguém consegue maquiar a expressão do olhar. (Com exceção dos grandes atores, claro. E me refiro aqui não aos profissionais de Hollywood, mas aos talentos cênicos que fazem carreira no mundo corporativo, aí na sua empresa, bem do seu lado.)

Na média, no entanto, gente como eu e você é denunciada pelos olhos. Tem caras com mais de 2 metros de altura, cheios de músculos, que no fundo são meninos franzinos entocados num canto escuro da própria alma. Tem mulheres lindíssimas que se enxergam feias. Tem guardadores de carros e vigias de obra com olhar imperial, carismático, de quem está pronto para dominar o mundo. Tem jovens de vinte e poucos anos com alma velha, com espírito caquético. Os olhos delatam tudo isso.

É interessante ler o olhar das pessoas. Trata-se de ler o que elas são de fato e não o que elas estão tentando fazer você acreditar. Se tiver a coragem de encará-las, é claro.

Porque, afinal, o olho no olho é uma rua de mão dupla. Olhar para dentro das pessoas implica que elas também estarão olhando para dentro de você.

Quem você pensa que é?

Tem pessoas que são sedutoras, que se dedicam a conquistar os outros, a dobrar resistências alheias. Pessoas com gosto por isso e com talento para isso. Elas quase comemoram quando topam com alguém que não lhes compra logo de cara. Aí é que se motivam a transformar aquele "não" em um "sim".

Eu não desenvolvi essa competência. Não tenho essa graça em mim. (Embora esses dias tenha ouvido de alguém: "você não é tão sem graça quanto imagina ser." Fiquei feliz.) Dadas essa incapacidade e uma certa falta de paciência para revertê-la, cresci atuando mais na linha do "quer, quer; não quer, tem quem quer". (Mesmo quando a ideia de que há alguém querendo em algum outro lugar é apenas um blefe.)

Com o tempo, passei a acreditar no jogo aberto. Na tática de expor logo as intenções, deixar tudo claro, à vista do interlocutor, para que ele se decida logo e para que a sua decisão, de posse de todas as informações, tenha as melhores chances de ser duradoura. Passei a entender a finta como um engodo. E as zonas cinzentas como armadilhas. Passei a enxergar planos de conquista como estratégias que visam apenas ludibriar o outro.

Com isso, obviamente abdiquei de me desenvolver nas artes da sedução. O que, confesso, não é uma decisão que eu não questione. Afinal, o sedutor é aquele cara que você gosta de ficar ouvindo, que faz você se sentir à vontade, baixar a guarda, esboçar um sorriso, tirar a roupa sem perceber. Quem não quer aprender a seduzir?

Eu, ao contrário, em respeito ao interlocutor me dedico a abrir a verdade e deixá-lo decidir sozinho, do modo mais puro possível, como se posicionar a meu respeito. Sem maquiagem ou retoques que me façam parecer melhor do que sou. Procurando mostrar o conteúdo sem nenhuma embalagem.

Aquela pessoa que me assegurou que eu, afinal, não sou tão pouco sedutor quanto penso ser me disse também: "E não acho que você seja tão antipático quanto pensa que é." Se o que ela disse é verdade (e não, não se trata da minha mãe), então talvez eu não cause tanto desconforto nos outros quanto imagino causar. Que bom.

Falta tentar de verdade divertir e iluminar o ambiente em volta. Ser mais agradável, simpático, sorridente, ensolarado. Ser menos sério, menos solene, menos chato. Falta aprender a seduzir.

QUE TAMANHO VOCÊ QUER TER?

Um chefe com quem aprendi um bocado me disse uma vez que uma das principais fontes de sofrimento para um executivo reside na diferença entre o valor que os outros nos dão e o valor que nós mesmos nos atribuímos. A angústia é tanto maior quanto mais larga for a distância entre o que o mundo está disposto a nos dar e aquilo que achamos que merecemos.

Ele se referia basicamente a profissionais que desejam sempre uma posição e um status muito superiores àquilo que têm reais condições de conseguir e de sustentar. De fato, trata-se de uma fonte certa de frustração. Ou porque jamais alcançaremos a esfera desejada ou por chegarmos até o patamar sonhado e então nos darmos conta de que não daremos conta do recado. Meu chefe falava do perigo dessa hipermetropia do ego. E das dores que advêm daí.

Mas penso que o contrário também é verdadeiro — quando nos jogamos para baixo enquanto todos nos veem voando lá em cima, quando nos apequenamos enquanto a expectativa que há a nosso respeito é de gestos amplos e de passos imensos, quando agimos como meninos acanhados enquanto a oportunidade é acontecermos como homens de grande estatura. Também aí há descompasso e sofrimento.

Minha crença é que nos tornamos aquilo que quisermos ser. Sonhar com algo que não somos ainda, mas que podemos alcançar, é uma poderosa mola propulsora que nos conduz à frente.

Mas a gente também é um pouco como as pessoas nos veem. Somos influenciados pelo modo como figuramos nas retinas alheias. Aquilo que você enxerga nos olhos das pessoas quando elas olham para você não é mera impressão. Trata-se de um veredito. Que não é absoluto nem definitivo. Mas que é real o suficiente para que você o leve em consideração.

Dr. Ego, o anti-herói que existe em você

Ninguém tem mais poder para atrapalhar uma pessoa do que ela mesma. Nenhum outro fator pode prejudicar tanto uma carreira quanto o dono, ou a dona, dela.

Nosso maior problema, na esmagadora maioria dos becos sem saída em que às vezes nos metemos, somos nós mesmos. O "eu" pode ser uma presença bem prejudicial em sua vida. Você é o seu ego - e ele pode jogar contra você em uma série de ocasiões. Não ter ego algum é uma porcaria – deixa você vulnerável. Ter um ego grande, inchado, hipersensível pode ser ainda pior.

O maior problema do executivo egótico é que ele está sempre focado demais em si mesmo. É um sujeito que vive permanentemente absorto no único assunto que lhe interessa: ele mesmo. Dr. Ego vive para resolver seus problemas – jamais os do negócio que administra ou das pessoas que trabalham para ele. Na dúvida entre tomar uma decisão que vai ajudar a empresa para a qual trabalha e uma decisão que vai locupletá-lo individualmente, Dr. Ego opta sempre por salvar a própria pele, por puxar a brasa para o seu salmão.

O Dr. Ego trabalha tanto o marketing pessoal que se esquece do marketing do produto ou da marca que está sob sua responsabilidade. Então ele se transforma naquele caso típico de executivo com boa visibilidade no mercado, mas sem nenhuma obra construída que possa lastrear essa imagem.

Quanta gente você não conhece assim? Profissionais que têm um baita currículo no papel e nenhum na vida real? Executivos que deixam um espaço vazio atrás de si por onde passam? Esse é o Dr. Ego. O sujeito que vive do próprio RP. Que vive de fazer espuma, de produzir fumaça, de fazer de conta.

O Dr. Ego, como está claro, se vê ocupando um lugar central no mundo, na galáxia, no universo. Com esse olhar que desconsidera tudo que não for espelho, ele deixa de ver muita coisa bacana que acontece ao redor. Deixa de perceber oportunidades, de reconhecer pessoas, de fazer boas escolhas. Tudo nele é umbigo. E umbigo, como se sabe, é um buraquinho miúdo, escuro, mais feio que bonito, que junta sujeira e não tem serventia.

Como Dr. Ego é um bocado insensível aos demais, ele é incapaz de exercer e de sentir empatia – essa habilidade exclusivamente humana de se colocar no lugar do outro, de ver o mundo por um momento a partir de uma perspectiva que não é a sua. Esse exercício, que é muito rico, é algo completamente desconhecido pelo Dr. Ego. Assim como seus efeitos: aprender com o outro, sentir compaixão, exercer solidariedade – coisas que nos tornam maiores do que realmente somos.

Eis o que o Dr. Ego não percebe: o único caminho realmente sustentável para se tornar respeitado pelos demais é realizar um trabalho vencedor, gerar resultados sólidos, construir relações duradouras. A fama e a admiração só podem ser sustentadas pelas obras concretas que o sujeito erigir ao longo da carreira. O resto é falsificação e contrabando, alicerces que não se sustentam por muito tempo.

Claro que o Dr. Ego não está nem um pouco interessado nessa reflexão. A notoriedade e o holofote são a razão da sua existência. Se você trabalha com um Dr. Ego, você sabe bem que o fim último e primeiro de todos os seus esforços nessa vida é aparecer. Aparecer mais do que os outros. Aparecer mais do que você. Previna-se.

Você é generoso consigo mesmo?

Responda com sinceridade:

Quando você sente sono, você dorme?

Ou você acha que está perdendo um tempo precioso ao dormir, tempo que poderia ser investido numa atividade "produtiva"? Você acha que não merece aquele descanso, que dormir é um ato escapista e que, portanto, você está sendo covarde? Você acha que dormir é um ato egoísta porque você está reservando aquele tempo só para si e ignorando o mundo ao redor, recusando o contato com amigos e família em troca de uma soneca? Você acha que está sendo preguiçoso e que dormir, no final das contas, é uma bela de uma falta de caráter?

Você come o que tem vontade?

Ou você fica fazendo contas de calorias e se sentindo culpado de antemão só por ter pensado em se lambuzar com alguma coisa que realmente gosta? Quando abre a geladeira, você escolhe o que vai comer pelo seu apetite naquele momento, pelo maior frescor dos alimentos disponíveis, ou, na mão contrária, pelos itens que vão estragar primeiro, ignorando seu desejo em nome da administração do seu estoque de comida, lutando contra os prazos de validade, contra o desperdício, como se jogar comida fora fosse um crime hediondo? Qual foi a última vez que você comeu dois (talvez três) brigadeiros junto com o cafezinho simplesmente porque estava a fim, sem peso na consciência? Qual foi a última vez que aceitou o terceiro (talvez o quarto) pedaço de uma pizza deliciosa?

Você recusa convites indesejáveis?

Ou você se deixa pautar pelos outros, pelos compromissos que arrumam para você, pelos convites que lhe fazem?

Qual a sua capacidade de dizer "não" para os outros e "sim" para você mesmo, sem drama? Sua agenda lhe pertence? Seu tempo é seu? Quem manda em você?

Se você achou essa conversa distante da sua realidade, parabéns. Você é seu amigo do peito. Você não deixa estranhos entrarem com facilidade na sala da sua casa e colocarem as botas sujas sobre a sua poltrona de estimação. Mas se você se identificou, ainda que um pouquinho, bem-vindo ao clube dos indivíduos que são cruéis consigo mesmos, que não se perdoam, que não se defendem nem se preservam e que trazem a si próprios na mais curta das rédeas. Somos dois.

Você já fez 40 anos? Então faça!

Tenho ótimas notícias para você, aqui do segundo tempo da vida.

Fazer 40 é sacar que o primeiro tempo acabou e que você já está jogando a etapa complementar. O sentimento que decorre daí é bom – ao contrário do que eu esperava e do que possa parecer.

Talvez soe besta, mas mudei algumas coisas em meu jeito de levar a vida ao completar 40. Mudei para melhor. E ao natural, sem forçar nada. A primeira dessas coisas é um senso maior de foco. Amanheci quarentão com mais facilidade do que jamais tive para me livrar de coisas desimportantes. Sempre fui de buscar a essência das coisas – só que agora isso acontece na prática, de verdade, bem mais do que apenas no discurso e na intenção. A gente, quando é mais jovem, perde muito tempo com distrações, com esforços inúteis, com brigas inglórias, com preocupações inócuas, com bobagens, com jornadas cretinas, com loucas cavalgadas, com imensos sumidouros de energia que no fim não constroem nada nem levam a lugar algum.

Ter mais foco é um reflexo direto, muito positivo, da compreensão quarentona de que o tempo de fato é curto. De que não há mais tanto tempo à frente – e de que, portanto, não há mais tempo a perder. Aos 40 percebemos na carne, inequivocamente, que não vamos viver para sempre. Isso deixa de ser apenas uma ideia romântica e vira uma verdade cotidiana. Fica claríssimo que o tempo é o bem mais precioso que temos. O bem mais escasso. Há vários clichês como esses, que empilhei aqui, que estão cheios de verdade e que passam a bater continência diária na vida da gente depois dos 40: viva todo dia como se fosse o último, carpe diem, hakuna matata etc. É tudo verdade.

Enxergar isso tudo, em vez de me deixar mais angustiado, me deixou menos ansioso. Passei a jogar fora aquilo que não interessava de verdade com menos culpa, com menos nervosismo, sem aquela sensação de que podia estar me desfazendo de ouro junto com o cascalho. Aos 40, você fica mais seguro quanto a sua capacidade de discernir o que é preciso guardar do que é melhor dispensar. Ou então a gente aprende que um pouco de confusão aqui e ali também faz parte da vida – e, de novo, fica mais sereno em relação a isso, e passa a se cobrar com menos brutalidade, e passa a conviver melhor com os erros. A gente aprende – e aceita – que perder também faz parte das estatísticas da vida.

Os 40 trazem decadência física. É um fato. A pele do rosto começa a pesar e a sua cara começa a cair. A pele não tem mais a mesma elasticidade nem o mesmo viço. Uma papada surge. Você vai ficando enrugado. Marcas surgem no rosto e revelam o tipo de emoções a que você tem se submetido. É inevitável: você vai ficando cada vez mais parecido com um buldogue velho.

Seus cabelos começam a rarear e a embranquecer, seus músculos começam a arriar, você começa a murchar – dizem que na velocidade de um quilo de massa muscular ao ano, se você não se cuidar. Mas eis que você se dá conta, aos 40, de que precisa começar a se cuidar. O peito cai e você começa a fazer aquele supino que sempre o repugnou. Para não perder o fôlego na pelada ou no sexo (cada um com suas prioridades), passa a encarar com paciência a esteira das lamentações ergométricas. Para que a bunda não desabe e para que o tríceps não comece a balouçar, você abraça uma sessão de spinning ou uma aula de boxe. E assim por diante.

Tem gente que acha que isso tudo é crise de meia-idade. Eu acho o contrário: trata-se do renascimento da meia-idade. Você termina a década dos 30 mortinho da silva. De tanta porrada e aprendizagem, de tanto crescimento, de tanta conquista, de tanta expansão. Você se esticou todo, absorveu um monte de coisas que lá atrás nem cabiam dentro de você. Você ralou, gramou, camelou. Aos 40, é hora de fazer escolhas. De refletir um pouco sobre os caminhos que o trouxeram até aqui. E sobre os que escolherá trilhar a partir de agora. De pensar sobre tudo o que amealhou. E de ficar, de tudo isso, só com aquilo que realmente interessa.

Os 40 são o intervalo. Para descansar as pernas e rever a tática de jogo. De modo a voltar revigorado, reidratado, com outro tipo de combustível, para o segundo tempo. No meu caso, voltei para dentro do campo menos preocupado com o resultado e mais disposto a me divertir com o jogo. Você já sabe o que lhe realiza. E o que não acrescenta nada em sua vida. Então você vai se livrando do que é supérfluo. Para navegar mais leve e contente pelo tanto de vida que ainda lhe resta.

Essa clareza e essa tranquilidade maiores, trazidas pelos 40, implicam o encerramento de alguns sonhos antigos. Só que a sensação advinda disso, para a minha surpresa, não é de perda – mas de alívio. Pela redução voluntária de um bocado de expectativas e de pressões autoimpostas que o perseguiram ao longo da primeira metade da vida como uma matilha de lobos famintos.

Pela estrada que ao findar vai dar em nada

Esse é um belo verso de Gilberto Gil, de "Se Eu Quiser Falar com Deus". Se você for do rock, cito um verso equivalente do Talking Heads: "We're On a Road to Nowhere", algo como "Nós estamos numa estrada para lugar nenhum".

Entrar na casa dos 40 é sacar que falta pouco. Esses dias eu era uma jovem promessa na casa dos 20. Num piscar de olhos me tornei um talento em ascensão – um *rising star* – na casa dos 30. Mais um piscar de olhos e já estava em plena meia-idade. O verão da vida, o ápice – que também dura um piscar de olhos. Depois dele vem o outono. E, finalmente, o inverno. A primavera já é passado. Já era.

Tudo isso para dizer que uma *headhunter* amiga minha, cujas frases eu anoto mentalmente, me disse um dia que o verdadeiro problema não é completar 40 anos – mas não poder mais completar 40 anos. Ela riu com seus olhos azuis argutos que já viram um monte de coisas. Quatro décadas, para ela, é apenas o tempo a que tem se dedicado a colocar e a tirar presidentes e diretores nas grandes empresas brasileiras.

Eu achei graça de ela ter saudade de ter 40 anos, de considerar essa idade, que a tantos assusta, como uma época cheia de energia e de viço. Se um dia a crise dos 40 bater à sua porta, lembre-se disso.

Quanto vale o seu sonho?

Um menino talentoso com quem trabalhei decidiu abandonar a carreira. Ele era um dos talentos mais promissores da sua geração. E havia acabado de decidir trocar de profissão – não de emprego, perceba, mas de profissão.

Trocar uma carreira por outra é um evento raro. Devíamos todos parar um minuto sempre que isso acontece. Em respeito à coragem daquele profissional. E também para refletirmos se não era exatamente esse tipo de atitude que devíamos tomar em nossas vidas. Mas, se trocar de emprego já nos enche de medo, que dirá trocar de profissão.

O fato é que aquele rapaz chegou a essa conclusão drástica: aquela carreira não servia mais para ele. Ele já estava no topo da sua trajetória profissional, aos trinta e poucos anos, numa das melhores empresas do Brasil no seu ramo de atuação. E, aparentemente, queria mais do que aquela profissão poderia lhe oferecer em termos de remuneração.

Imagino quão duro deve ter sido para ele esse processo de decisão. Ele havia nascido para fazer aquilo. Foi longe, brilhou, angariou respeito e louros. E, de repente, lhe faltou combustível para ir adiante. Ou, por outra, percebeu que aquele carro em que estava aboletado não oferecia o conforto que ele desejava ter. Queria um carro mais amplo, com motor mais potente.

À beira de virar pai e percebendo que a própria vida ia ficando a cada ano mais curta, é provável que o contraste entre o que sonhava para si e para a sua família e o padrão de vida que aquela profissão poderia oferecer tenha ficado insustentável. Resultado: abandonou seu sonho. Trocou a vocação por uma perspectiva profissional talvez menos apaixonada – mas mais bem remunerada.

Torço muito por ele. Para que seja feliz, para que não se frustre, para que não chegue um dia à conclusão de que trocou uma verdade fundamental em sua vida por meia dúzia a mais de caraminguás no bolso.

E SE VOCÊ NASCEU COM O TALENTO ERRADO?

Já pensou nisso? É algo que pode acontecer com qualquer um. Inclusive com você.

Pense num sujeito que é muito talentoso fazendo algo que detesta. Como uma menina com grande aptidão para resolver equações e que odeia matemática. Ou como um tremendo vendedor que se olha no espelho e vê ali um romancista. A cada nova apresentação de vendas, por mais bem-sucedida que ela seja, lhe dói a insatisfação pelo desencontro que há entre a visão que o mundo tem dele e o modo como ele se enxerga. Ele quer vender um talento. O mercado quer comprar outro. Quanto melhor a sua performance nas reuniões, quanto melhores os resultados comerciais que ele gerar, mais ele estará se afastando do seu desejo mais genuíno.

Algumas pessoas tem êxito no lugar errado. Em consequência, passam a vida brigando com o próprio sucesso. Afinal, elas são reconhecidas e aplaudidas por seu desempenho em atividades que gostariam de ver pelas costas. Elas vivem numa contradição lancinante e insolúvel: o que lhes traz dinheiro não lhes traz felicidade. Então elas sobem aos céus — só que insatisfeitas. E ganham todos os louros — mas eles lhes causam alegria. Realizam conquistas — sempre com a alma azeda e a cara amarrada.

Fazer o que se gosta, deixando o dinheiro em segundo plano, ou abraçar uma atividade que não traz satisfação, mas que permite viver com mais conforto? Até que ponto a tranquilidade material pode compensar a infelicidade cotidiana de fazer algo que você não mais curte? Afinal, ser feliz é mesmo preciso — ou é uma frescura? Será que o que importa de verdade na vida é ganhar grana — será que no fundo realização profissional é apenas isso?

Quantas almas você tem?

Tem gente que é especialista. Que escolhe desde o comecinho da carreira o que deseja fazer da vida. Que decide, sobretudo, o que não quer fazer. Essas pessoas enveredam por um caminho profissional bem definido e não se afastam dele por nada. Costumam pensar o seu talento como uma coisa única, específica. Dizem para os outros e para si mesmas que só sabem fazer aquilo e avançam por aquela carreira em linha reta, vida afora, sem olhar para trás. Eu admiro essa capacidade de manter o foco.

E tem gente que é generalista. Que gosta de fazer uma coisa – mas não descarta se desenvolver em outras. Essas pessoas investem num determinado caminho profissional – mas mantêm sempre um olho nas alternativas. Costumam pensar seu talento como uma coisa multifacetada – então às vezes decidem ver que outra vida poderiam ter se tentassem a mão em outras áreas. Há quem veja profissionais desse naipe como gente inconstante que, em vez de avançar por um caminho, troca de estrada e começa tudo de novo. Mas eles preferem se ver como talentos inquietos, profissionais ávidos por conhecer coisas novas. Assim, acabam vivendo várias vidas numa só. Eu admiro essa capacidade de manter sempre aberto o leque das possibilidades.

Tenho alma de especialista. Admiro quem se embreta num só caminho sem olhar para o lado. Minha carreira, no entanto, tem sido bastante generalista. Devo ter também, em algum lugar (ei, não precisa dizer onde!), um bichinho carpinteiro que me faz colocar eventuais competências em vários cestos em lugar de jogá-las integralmente num único pé de meia. Ainda não sei se isso me ajuda (tenho construído obras em áreas diferentes ao longo da carreira) ou me prejudica (será que eu poderia ter sido muito melhor e ter ido muito mais longe se tivesse me focado em alguma área específica e me entregado a ela de corpo e alma?)

Como não sei responder a isso, vou vivendo. Escapando do tédio do especialista — mas às vezes com vontade de viver uma vida com um escopo mais estreito. E encarando os vários recomeços do generalista — sem jamais poder reclamar de mesmice e calmaria.

E você, é um só ou tem sido vários?

Sobre criatividade. E sobre ser criativo.

Quando você pensa em música, você compõe. E quando deixa de pensar em notas, em harmonia, em melodias, em ritmo, em dissonâncias bonitas, em métrica, em compassos e andamentos, você enferruja. A inspiração não vem mais. Ou ela aparece em outro território. Você desliga aquele painel e liga outro. Então as ideias deixam de vir naquele formato. Os insights deixam de acontecer naquela área da sua criatividade e da sua imaginação — para acontecer em outra.

Quando você pensa em prosa, você escreve. O raciocínio vem em frases, as palavras se encaixam em sentenças, estruturadas em parágrafos. Chico Buarque uma vez comentou de modo interessante como era difícil para ele voltar para a música depois de se dedicar por um período a escrever um livro. (E vice-versa.)

Quando você pensa em poesia, pensa em versos, em estrofes, em imagens inusitadas, em palavras contrastando bonitamente, criando juntas um terceiro significado que, sozinhas, jamais poderiam alcançar. Para o poema surgir é preciso pensar em poesia. É preciso exercitar. Ligar, e deixar ligada, essa frequência em seu cérebro.

Quando você pensa em jornalismo, o mundo se transforma em pautas. Assuntos pululam à sua frente, pedindo para serem apurados. Você pensa em manchetes, em títulos, em subtítulos, em legendas. Essa é a lente que você colocou diante dos olhos. É isso que você enxergará.

Quando você pensa em negócios, você empreende. Projeta produtos, analisa custos e margens, cria serviços, conduz reuniões de apresentação e de vendas com novos clientes, tem prazer em desenhar o organograma e os perfis funcionais dos colaboradores com quem deseja atuar.

Eis o ponto: você precisa se plugar a uma atividade, se dedicar de verdade a ela, para que ela cresça dentro de você e frutifique. É preciso estar fértil para conceber. É preciso cavar no lugar certo para encontrar água. Ou ouro.

Isso vale para qualquer coisa que você queira fazer. Do design de moda a uma atividade esportiva, da arquitetura à veterinária. O cérebro da gente é autossugestionável. E há muito talento escondido em nós em estado bruto – talento que muitas vezes levamos para a cova sem utilizar porque não o lapidamos. Para enxergar, é preciso estar olhando para o lado certo.

A criatividade da gente funciona um pouco como aqueles painéis das telefonistas de antigamente – a sua cachola só vai se conectar às linhas em que você efetivamente espetar seu plugue. Basta fazer a ligação certa que o interlocutor desejado atenderá do outro lado.

É preciso escolher bem aquilo que você quer fazer. E despejar ali seu coração. É preciso plantar em si mesmo as sementes daquilo que você quer ver brotar. Porque é só assim que a coisa vem.

É PRECISO SABER A HORA DE COLOCAR O DINHEIRO NO SEU DEVIDO LUGAR

Quando você está com problemas financeiros, o dinheiro senta na sala de sua casa e passa a dar as ordens em sua vida. Não interessa se essas dificuldades são reais ou em parte imaginárias. Não importa se você está desempregado há dois anos ou se está apenas com medo de perder o emprego. Nem se você está falido de fato ou apenas receoso de perder um cliente ou um contrato em sua empresa.

A insegurança econômica coloca você de joelhos, à mercê do dinheiro. Ela é uma sensação, antes de ser um fato. Ela alça o dinheiro à condição de prioridade absoluta em sua existência. Você vira um escravo da grana. Ganhar dinheiro vira o epicentro. E joga você para a periferia.

Aí um dia você sai do buraco. (Às vezes para perceber que não havia buraco algum, apenas um dos tantos solavancos com que a vida nos presenteia de quando em vez.) Você se refaz financeiramente. Estabiliza sua vida. Deixa de viver com a sensação de que uma cimitarra afiada lhe cairá no dia seguinte sobre o pescoço. Esse é um momento importantíssimo. A ansiedade baixa, você recupera a respiração, volta a dormir com alguma tranquilidade.

Nem sempre, no entanto, a volta do equilíbrio implica a retirada do dinheiro da torre de comando. É que ele não sai de lá automaticamente. Ao contrário: o mais comum é o sujeito imaginar que não dá para desacelerar, que não pode mais viver fora dessa corrida maluca por encher bolsos, lotar cofres e abarrotar colchões – ou você acha que rolar na cama de madrugada, ansioso com o rendimento dos seus fundos de ações e de previdência, é o quê?

É difícil se livrar do poder hipnotizante da grana depois de ter passado algum tempo dançando conforme a música que ela tocava. Por medo de que uma nova contrição financeira venha a acontecer. Ou simplesmente pela atração insidiosa que o dinheiro exerce.

Por isso, voltar à normalidade depois de um perrengue é tão importante. Será a hora de você decidir se quer voltar a mandar no dinheiro – ou se vai ficar para sempre na condição de ser um escravo dele.

Por quantas moedas você venderia a sua alma?

Você só conhece de verdade uma pessoa quando há dinheiro sobre a mesa. Ouvi isso duas vezes. De pessoas diferentes. Uma dizendo isso em relação à outra. Então deve ser verdade.

Talvez seja um traço universal da nossa espécie. Diante da possibilidade de ganhos financeiros nos transformamos. Na hora de defender o que é seu, o sujeito tira a máscara da boa convivência e passa a bater pesado. Eis uma das tantas verdades que definem o ser humano e que são duras de admitir.

Há momentos em que somos tomados por grande mesquinhez. Quando há chances de ganhar ou de perder dinheiro, nos tornamos, com frequência, pequenos. Matamos a generosidade e a gratidão em nós como se elas fossem doenças que, se não tratadas, nos levariam à morte – por miséria e por escárnio. (No mundo em que vivemos talvez esse receio não seja totalmente absurdo.) O desapego e a solidariedade são traços de caráter cada vez mais raros. E virtudes cada vez menos frequentes.

Se a sua empresa não dá certo, na hora de rachar o prejuízo é um "toma que o filho é teu" desavergonhado. Se ela dá certo, na hora de dividir os bônus é um "eu vi primeiro" sem noção. No escritório, entre executivos que almoçam todo dia juntos, quando aparece uma possibilidade de promoção, é um "cada um por si". Quando um projeto naufraga e a cobrança chega, é um "pega pra capar".

Sabe o seu irmão querido, com quem você tem tanto em comum? Pode virar um ogro na hora da partilha da herança a que vocês têm direito. Ou pior: o ogro da história pode ser você. Sabe a sua filha, por quem você daria a vida? Talvez vá ter vergonha de você e vá se recusar a vê-lo assim que você envelhecer e ela não precisar mais dos seus préstimos. Sabe a sua mulher, com quem você tem conta conjunta, com quem você partilha todas as suas conquistas materiais e a quem você oferece ampla visão da sua vida financeira? Ahahahah. É isso o que tenho a lhe dizer: ahahahah.

A essas todas, tento pensar como um Jedi: é preciso resistir ao Lado Sombrio da Força. A ganância não pode fazê-lo virar mais um Lord Sith a empestar o universo. Segundo, é preciso sempre lançar mão do sabre de luz para defender o que é bom e justo. A começar, pelo que é bom e justo dentro de você.

Quanta dignidade existe em você?

Esses dias assisti a um filme que tinha uma fala assim: "Sua família precisa da sua força, não da sua autocomiseração." Era a protagonista falando com o marido, que havia perdido o emprego e não estava mais conseguindo pagar as contas, em especial as despesas com o filho doente, nem segurar emocionalmente a barra daquela crise financeira. Ela dizia que ele não podia jogar a toalha, com pena de si mesmo, naquele momento em que ela e a família mais estavam precisando dele e da sua capacidade de reação.

Aquela frase, perdida ali no meio de um filminho plenamente esquecível, ficou na minha cabeça. É preciso ter dignidade sempre. Dignidade quando se está por cima, quando a fase é boa, quando a vida lhe sorri. Aí ser digno significa não pisar em ninguém. Nem humilhar quem pode menos. Nem machucar com seu sucesso, deliberadamente, aqueles que tiveram menos êxito. Nem se imaginar melhor do que os outros só porque a gangorra naquele momento lhe é favorável. Essa será a hora de duvidar um pouco dos elogios e dos tapinhas nas costas que recebemos quando tudo dá certo para a gente. E não se tornar esnobe, não flertar com a soberba, não permitir que a arrogância se instale.

E é preciso ter dignidade também quando se está por baixo. A fase pode ser ruim, a vida pode nos fechar a cara e o céu pode escurecer completamente – nada disso nos dá o direito de agirmos incorretamente com os outros. Ninguém tem que aguentar nosso mau humor e nosso baixo-astral quando nada dá certo para a gente. Não há justificativa para uma postura menos honrada da nossa parte só porque estamos angustiados.

Aí ser digno significa não agarrar ninguém pelas vestes só porque estamos caindo. Acuados, em maus lençóis, muitas vezes passamos a nos sentir no direito de descontar em pessoas que julgamos gozar de uma posição melhor naquele momento. Outras vezes nos voltamos para o nosso próprio umbigo e nos dedicamos a lamber obscenamente as próprias feridas, ignorando quem mais precisa de nós e de nossa integridade naquele momento. (Não raro, quem mais precisa da nossa força e da nossa decência nesses momentos complicados somos nós mesmos.)

Dignidade, por fim, significa nos mantermos coerentes e éticos debaixo do vendaval, no meio da lama, duvidando sobretudo daquelas vozes (que existem mais dentro da nossa cabeça do que fora dela) que querem nos fazer acreditar que não merecemos, que não somos dignos, que não temos competência e que nada, coisa alguma, jamais voltará a acontecer para a gente do jeito que sonhamos.

Ajuda lembrar sempre que a vida é cíclica. E que nada dura para sempre. Nem as águas e sombras do oásis. Nem a secura e a solidão do deserto.

Quando alguém está caído, o que você faz?

A primeira reação diante de alguém caído é um ótimo divisor de águas para definir que tipo de gente é você. Há quem tenha como primeira reação, diante do infortúnio alheio, o ímpeto de ajudar. Ou, pelo menos, não se aproveitar da situação para bater. Mesmo que se trate de um adversário.

Esse tipo de gente tem grande respeito pela integridade alheia. O desafeto, para eles, precisa estar em plenas condições de sofrer uma carga, qualquer que seja ela, para que essa carga seja feita. Isso é ética – só atacar quem pode se defender. Acreditar que a vitória precisa ser conquistada do jeito certo, com justeza, com lisura, e não de qualquer jeito, numa lógica de vale tudo. E que o resto é covardia.

Para esse tipo de pessoa, todo mundo merece respeito. Somente com esse patamar de dignidade garantido a ambas as partes é que se pode partir para o pau. Admiro nessas pessoas o horror que têm a se verem numa posição moralmente indefensável. Elas são leais – inclusive com quem mantêm uma relação hostil. Ser correto com quem a gente gosta é fácil. Ser correto com os desafetos é que são elas. Coisa para poucos.

Do outro lado da cerca, no entanto, há quem tenha como primeira reação, diante de alguém caído, aproveitar a situação para descer a mão. Em casos patológicos, isso acontece até mesmo quando se trata de um amigo. Basta aparecer um interlocutor caído, independentemente de quem seja ele, para que o instinto assassino se manifeste.

Esse tipo de gente não resiste a tirar uma lasca alheia. Especialmente em situações de malhação coletiva, em que é possível participar da curra sem ser identificado. Em vez de tirar o agredido do meio da roda, o sujeito aproveita para entrar lá e descer a porrada, exatamente quando a vítima estiver sem campo de visão para identificar de onde veio o golpe. O sujeito bate e volta para o seu canto escuro. A tática dos pulhas.

Esse tipo de gente se pauta pela máxima atribuída a Ray Croc, fundador do McDonald's: "Se qualquer um de meus concorrentes estivesse se afogando, eu colocaria uma mangueira em sua boca e abriria a água."

Aproveito para perguntar: quando alguém está caído, qual é a sua primeira reação? Quem é você afinal?

Ser bom é coisa grande

É sempre legal fazer a coisa certa. Ainda que às vezes a gente precise forçar um pouco a própria barra para ser correto. Para não rir de uma piada de mau gosto que soa realmente engraçada. Ou para ser minimamente gentil com alguém insuportável. Ou para parar, carregado de sacolas e apetrechos, e juntar o pedacinho de papel que caiu no chão.

Ser bom significa dar um pouco de si aos outros. Não se trata apenas de fazer a sua parte – mas de ir além e entregar um pouquinho mais. Ser bom produz uma sensação muito bacana em quem decide agir dessa forma. Como jamais saberá quem é egoísta ou mau-caráter.

Quem aprecia esse esporte, de buscar ser justo e fazer o que parece certo, acreditando que isso significa colaborar de forma concreta para a construção de uma vida melhor para si mesmo e para os outros, sabe que a coisa toda brilha mais intensamente quando você percebe que a correção se tornou a sua reação natural diante das situações, que você não precisa mais forçar nenhuma barra interna para agir corretamente.

Lembro-me do primeiro beijo entre dois homens que vi na vida. Num ambiente ligado ao teatro, num campus universitário, no começo dos anos 1990. Sempre pensei que aquilo iria me chocar barbaramente. Ainda que a intenção daqueles garotos fosse, em parte, chocar a audiência, não fiquei chocado. E me senti bem por isso. É como se meus gestos ali estivessem emprestando coerência às minhas ideias. Ou como se meus princípios estivessem sendo testados na prática – e estivessem sobrevivendo ao teste.

A vida corporativa costuma oferecer quase todo dia uma chance de você provar seus princípios. Diante dos outros e, principalmente, de si mesmo. O ambiente competitivo do escritório oferece um milhão de prêmios a quem trair o próximo, a quem rasgar a sua carta de intenções diante da vida em troca de um punhado de amendoins.

Torço para que você tome a melhor decisão quando confrontado com uma situação dessas. E para que ela lhe seja a mais natural possível.

Do que você é feito?

Agora, vem cá, conta só para mim, aqui, ao pé do ouvido: você é correto por convicção, porque seus princípios são inegociáveis, ou simplesmente porque você tem medo de ser pego em flagrante?

Eis a pergunta que faço: se não houvesse lei, você ainda assim faria o que é certo? Se ninguém estivesse olhando, você ainda assim agiria corretamente? Se tivesse a certeza da impunidade, ainda assim você se manteria longe da contravenção? Ser bom para você é uma decisão estrutural, que está na base do seu alicerce, ou uma decisão de momento, conjuntural, que vem inclusive com uma etiqueta de preço? Que tipo de contas você presta a si mesmo? Quanto vale a sua retidão?

Eu proponho essa reflexão a você que é um bom pai (ou mãe) de família, um bom chefe, um bom funcionário, um bom sócio, um bom filho, um bom irmão, um bom vizinho, um bom amigo. Proponho essa reflexão a você que paga seus impostos direitinho, que é incapaz de matar um inseto a sangue-frio, que não faz mal às plantas, que não cospe no chão, que não fecha ninguém no trânsito, que junta o cocô do cachorro da calçada, que tem dificuldade de reagir mesmo nas ocasiões em que deveria se impor.

Estou falando com você que não gosta de brigar e que perde um monte de contendas por W.O. E que tem dificuldade para recusar ofertas pouco atraentes e dizer "não", "não quero", "não vou", "não concordo". E que costuma deitar a cabeça à noite no travesseiro sem ter um mísero grama de culpa ou de remorso a lhe azucrinar o sono.

Estou falando com você que se sente perfeitamente em dia consigo mesmo, que olha para as próprias mãos e não vê qualquer sinal de sangue, que vive a vida sem enxergar nada de desabonador na própria conduta.

Eis o que pergunto: do que é feita essa retidão que tanto o satisfaz? Você gosta genuinamente de respeitar os outros, de ser justo – ou você só age assim quando isso lhe convém? A correção dos seus atos é um valor inquebrantável – ou você aceita negociar isso ao primeiro sinal de que talvez seja mais interessante agir de outra forma?

Me conta: do que você é feito?

Coragem na hora de escolher quem você quer ser

Uma amiga me disse certa vez: você só testa seus valores em situações-limite, em que não há terceira via nem contemporização possível. É na situação de ter que fazer uma escolha binária, entre A e B, que você descobre aquilo que realmente importa em sua vida. É só assim que você descobre de verdade quais são as suas prioridades.

No caso, ela se viu um belo dia na situação de ter que escolher entre uma carreira internacional e um projeto de maternidade. Ela era uma executiva que tinha encarreirado sucessos, angariando bastante reputação e visibilidade. Até que se viu numa multinacional, prestes a assumir uma posição global, como head de uma área estratégica, em que teria que viver basicamente na poltrona da classe executiva de um avião. Com trinta e muitos anos, o relojinho biológico da maternidade estava batendo forte e ela teve que parar e repensar sua espetacular carreira corporativa.

Escolheu, não sem um bocado de dúvida e dor, pela maternidade. Hoje tem dois filhos e desde então tem trabalhado com 70% da sua capacidade instalada, em cargos e empresas menores do que a sua experiência poderia sugerir.

Em nossa conversa, ela não escondeu a dureza daquele processo de decisão em que teve de mergulhar. Era ela contra ela, numa disputa sem juiz, até a exaustão ou o nocaute. Finalmente encontrara uma adversária à sua altura. Era um desejo seu contra outro desejo seu. Ela também não escondeu de mim o olhar comprido que ainda jogava para o encarreiramento que havia recusado.

Ela estava feliz. Não apenas por sua escolha, mas pelo fato de ter tido a coragem de abrir mão de tanta coisa em nome daquela escolha. O que não impedia que ficasse imaginando, no intervalo breve e silencioso entre um gole e outro no cafezinho que saboreávamos depois da refeição, em como estaria sua vida se tivesse feito a opção contrária.

Aquela conversa com ela me fez pensar nas situações-limite que encontrei pela vida. E nas decisões que tomei e que testaram meus valores. Nem todas me dão orgulho.

Como um samurai

"Eu sempre vivi a vida corporativa como um samurai – encarava cada novo dia como se ele pudesse ser o último."

A frase é muito boa. E a ideia por trás dela também. Meu velho chefe me disse isso depois de alguns chopes, num boteco com a mesa simples salpicada por respingos de condimentos. Ele era um bom frasista. Que costumava colocar em prática boa parte dos conceitos que enfeixava em frases fortes. Não raras vezes, também, operava exatamente o contrário do que dizia. Quero crer que isso fazia parte do seu charme.

Refleti um bocado sobre aquela imagem. Sobre a ausência de samurais no mundo corporativo. E sobre a existência ou não de um Musashi dentro de mim. É tão fácil se agarrar ao emprego como se ele fosse o último emprego do mundo. Como se aquela posição fosse a única alternativa possível. Como se não houvesse vida fora daquela empresa. É tão comum se agarrar ao crachá como se ele fosse o oxigênio, a água e a comida. Como se não houvesse outras possibilidades fora do curso atual que estamos dando à nossa vida. Tendemos, sei lá por quê, a absolutizar as coisas. E as coisas, no entanto, são sempre relativas. Há centenas de versões possíveis para uma carreira feliz e bem-sucedida. Há dezenas de rumos e destinos sedutores piscando o olho para a gente o tempo todo.

Estatisticamente, o mais provável é que você e eu não estejamos vivendo a melhor versão de nós mesmos. O nosso desespero deveria ser o de não termos tempo de experimentar todas as alternativas – em vez de nos agarrarmos ao pouco que conseguimos degustar até aqui, de ficarmos morrendo de medo de perder as migalhas que conseguimos juntar.

O que deveria nos angustiar é o fato de que a vida passa rápido demais para que possamos voar todos os voos possíveis para nós. No entanto, o que nos tira o sono é perdermos para outro caboclo aquela cadeira esbodegada em que estamos sentados – como se aquele assento fosse tudo, mas tudo mesmo, que podemos almejar.

A impermanência de todas as coisas, o fato de que nada está garantido e de que a qualquer momento tudo pode mudar, deveria ser uma brisa fresca a nos embalar vida afora, com leveza, com doses maiores de curiosidade e de alegria. E não essa angústia pesada que carregamos sobre os ombros como uma cruz.

Viver a vida como um samurai. Especialmente a vida profissional. Estar preparado para morrer em um ciclo, de modo honrado, sem abrir mão de nenhum princípio, a cada novo dia que começa – para renascer no dia seguinte, renovado, em um novo ciclo. Com a mesma dignidade. Que imagem linda. E necessária.

Penso que a verdadeira morte é seguir dentro de uma empresa tendo perdido o respeito por ela. Esse é o caminho mais rápido para perder também o respeito por si mesmo. Penso que a verdadeira finitude profissional é levar adiante um emprego que perdeu o sentido – em pouco tempo o sujeito perde também a capacidade de se olhar no espelho sem sentir asco.

É preciso ter sempre muito vívida a consciência de que você não é aquele cartão de visitas, nem aquele terno comprado em seis prestações, nem aquelas tarefas que lhe deram para fazer e que lhe cobram como se fossem as coisas mais fundamentais e urgentes do mundo. (Elas não são.)

Você é muito mais do que isso.

4

VOCÊ NO MEIO DOS OUTROS

O INFERNO SÃO OS OUTROS

Essa frase de Sartre expressa uma verdade fundamental. Boa parte dos nossos problemas deriva de termos que lidar com os outros. Nosso relacionamento com os demais é carregado de expectativas, cobranças, discordâncias, sinceridades, falsidades, quedas de braço, disputas e provocações que causam fricção.

Lidar com gente é infernal. Só que ninguém vive sozinho. Somos seres gregários. Existimos em sociedade. Não vivemos no vácuo nem sobreviveríamos apartados num buraco hermético. Então temos que aprender a lidar com pessoas. E quem sabe até achar um jeito de aprender a gostar delas. Um pouquinho que seja.

Estamos sempre fugindo de ter de encarar chefes, subordinados, colegas, professores, síndicos, porteiros, clientes, fornecedores, patrões, vizinhos. Fugimos como podemos de gerenciar nosso dia a dia com a mulher chata, com o marido imperfeito, com os filhos problemáticos, com os parentes ofídicos. (Embora passemos um dia apenas longe do trabalho "massacrante" ou da mulher "insuportável" e já nos sintamos deserdados.)

Depender dos outros é um perrengue. Ter alguém dependendo da gente também. Correr atrás dos outros é duro. Ter alguém na nossa cola também. Sofrer uma decepção é complicado. Mais ainda é decepcionar quem espera alguma coisa da gente. É uma angústia estar devendo a alguém. Ter de cobrar alguém que está nos devendo também é. Se manter relações demanda um bocado de energia e de maturidade emocional, fugir delas é um oco que cavamos fundo no próprio peito.

Administrar tudo isso causa ansiedade. Por isso a fantasia recorrente de fuga, de isolamento. O sujeito sonha com uma aposentaria precoce, em que possa sumir, em que não tenha que lidar mais com esses ruídos. Como se fosse possível escapar à teia social e, desobrigado de interagir com os outros, flanar tranquilo pela vida.

Esse idílio escapista leva o sujeito a se projetar como dono de uma pousada na Bahia – um velho clichê dos executivos cansados de guerra. (Como se lá não fosse preciso lidar também com funcionários indolentes, clientes chatos, fornecedores relapsos e fiscais da prefeitura corruptos.) Ou então o sujeito sonha em se esconder num sítio no meio do mato. Ou em encarar o desterro voluntário, num bairro afastado de uma cidade insuspeita em um país distante, onde ninguém o possa achar.

No fim, é como se aí – na distância dos demais – residisse a fórmula da felicidade. O que é quase um desejo de morte. Como uma desistência de viver que permitisse ao sujeito deixar de sentir os trancos e desafios que a vida impõe.

Se você se percebe fantasiando desse jeito de vez em quando, saiba que sempre haverá gente para você administrar. Mesmo no autoexílio. Seus familiares. O encanador. O caseiro. A faxineira. E vai ser difícil sempre. Cada relação dessa demanda, por mais íntima que seja ou por mais esporádica que possa ser. Ou seja: é inútil imaginar que a faina de lidar com os outros vá acabar. Ela até pode diminuir. Você pode até trabalhar em funções nas quais o resultado dependa mais de você, individualmente, do que do trabalho dos outros ou com os outros. Você pode até se blindar um pouco, ficar menos exposto.

Mas não adianta fugir para um sopé de montanha na Patagônia nem renunciar à vida social: o problema de lidar com os outros é inescapável para o ser humano. O único caminho é aprender a lidar com isso. E a lidar com você mesmo – suas reações, suas dificuldades, seus jeitos – na hora de lidar com os outros. Até porque, no limite, mesmo em total isolamento, ainda assim haveria uma pessoa para você gerenciar – esse cara que mora aí dentro de você.

O QUE VOCÊ MAIS ODEIA NOS OUTROS?

Nada nos incomoda mais do que identificar nos outros aquilo que detestamos em nós mesmos.

Quando encontramos em alguém alguma coisa que gostaríamos de ter, podemos tanto odiar essa outra pessoa quanto idolatrá-la. (Ou então sentir por ela as duas coisas ao mesmo tempo, o que é bem comum.) Mas quando achamos em alguém uma ferida que julgamos ter aberta em nossa própria carne, isso nos constrange, nos expõe, nos oprime. Porque nos obriga ao reconhecimento íntimo de uma mazela que gostaríamos de esquecer. Desejamos sumir. Ou melhor: desejamos que o outro suma.

Isso pode gerar uma tentativa conjunta de ajuste: "Você e eu temos esse traço em comum que ambos consideramos um problema. Quem sabe tentamos resolver isso juntos?" Ou então uma tentativa conjunta de reação: "Vamos nos juntar, nos defender mutuamente e combater quem nos oprime." (A vergonha vira uma celebração da diferença, a amargura vira orgulho, e o isolamento acaba operando como um conector entre os excluídos.)

Em geral, no entanto, as pessoas preferem esconder aquilo que identificam em si mesmas como chagas. Nem celebram esses traços nem tentam curá-los – não os assumem. E se dedicam a ridicularizar nos outros aquilo que mais odeiam em si mesmas.

Não existe jeito mais fácil de resolver os problemas que temos com o espelho do que tirar o espelho da nossa frente e posicioná-lo diante de outro indivíduo – para que ele sofra as cargas de vergonha e de achincalhe que temíamos que fossem dirigidas a nós. Nós não apenas nos desviamos do tapa – que às vezes só existe como expectativa em nossa cabeça. Nós damos o tapa primeiro – e não em nossos supostos agressores, mas em quem identificamos perto de nós em posição pretensamente mais frágil do que a nossa.

É assim que pulamos para a outra margem do rio, onde estão os bonitos, os saudáveis, os charmosos, os vencedores, os que não têm arestas a aparar. É assim que nos escamoteamos para o lado de quem nos oprime, daqueles que gostaríamos de ser. Repassamos o desrespeito a terceiros – às vezes expondo justamente quem se aproximou de nós em busca de um pouco de cumplicidade e de aceitação – na tentativa de não sermos descobertos e desrespeitados. Rimos das mazelas nos outros na esperança de que não riam dessas mesmas mazelas em nós.

Assim o sujeito se sente finalmente protegido pela maioria que até ontem o aterrorizava. Assim ele tira o chicote da mão de quem o agride, não para questioná-lo, não para jogá-lo fora, não para revidar – mas para ganhar o direito abjeto, e a licença obscena, de passar a exercer a partir dali, nos outros, com aquele mesmo chicote, a agressão sofrida.

Você está motivado? E você sabe motivar?

A motivação é um daqueles assuntos difusos, difíceis de objetivar.

Na maioria das vezes, nas conversas entre gestores, me soa como se motivar fosse uma missão exclusiva do chefe, uma obrigação de mão única da organização. Como se estar motivado não fosse também um objetivo a ser perseguido pelo próprio funcionário. Como se estar feliz e entusiasmado com o trabalho não fosse algo do interesse do indivíduo, mas apenas uma conversa inventada pelo RH da empresa. Como se estar alegre e cheio de energias boas fosse mais uma das coisas chatas que o sujeito tem que fazer a contragosto para não perder o emprego. E não algo que ele tivesse que fazer, acima de tudo, por si mesmo.

Então o colaborador passa a tratar a empresa, no quesito motivação, um pouco como aquela moça à antiga que fica numa posição passiva em relação à corte do seu pretendente. E que joga integralmente a responsabilidade pelo relacionamento acontecer (ou não) na capacidade que o moço possa ter (ou não) de seduzi-la. Ela não move uma palha. Como se nada daquilo fosse um desejo ou um interesse genuíno seu.

Assim como, quando um time de futebol está desmotivado, a culpa é do técnico, uma equipe desmotivada no escritório vira culpa do gerente. Não que isso não seja verdade, com bastante frequência. Mas se trata de uma posição, por mais desconforto que haja nela, bastante confortável para os funcionários.

Sempre que estive do outro lado da mesa, como colaborador e não como gestor, tratei a motivação como um processo que dependia também de mim. Penso que, quando o funcionário se sente invencivelmente desmotivado, deve mudar. Ou para se reconectar à companhia. Ou então para fora dela, para outro projeto que o entusiasme mais. E deve fazer isso, antes que tudo, por si mesmo, em nome da sua sanidade.

A motivação é um grande sinalizador. Para a empresa, um dos melhores índices de como andam o ambiente e a gestão no escritório. Para o indivíduo, uma medida ótima para entender se deve seguir adiante ou virar na próxima curva, se deve mergulhar fundo ou se o melhor mesmo é ir nadar noutras águas.

E como motivar? E como permanecer motivado? A origem da palavra oferece uma pista. Motivar é dar um motivo. Estar motivado é ter um motivo. É fundamental, portanto, que o motivo proposto pela empresa tenha ressonância com o motivo interno do sujeito. E vice-versa. Só assim a motivação acontece.

Quero crer que motivação também tem a ver com estímulo. Com ações que entusiasmem, com um ambiente que ao mesmo tempo acolha e provoque, que desafie e ofereça cumplicidade, que celebre os êxitos e dê apoio para que os obstáculos sejam superados.

Estimular do jeito certo é uma arte. A cobrança exercida corretamente engancha, energiza, empurra à frente. A cobrança mal exercida murcha, esvazia, joga para baixo. Se você cobra muito, desestimula o sujeito. Se você não cobra, desestimula também. As pessoas não gostam de se sentir espremidas. Mas também não gostam de se sentir soltas demais. (Quem foi que disse que gerir pessoas era fácil?)

Tem o chefe que nunca dá parabéns. Isso anestesia o colaborador. Isso torna o funcionário cético, num primeiro momento. Para logo depois torná-lo cínico. Assim como há ambientes em que a pressão beira o insuportável. Em que a cultura é bater e o afago e a gratidão não são permitidos. Esses lugares coíbem o elogio, em nome de manter a tensão produtiva como uma ferramenta de motivação. E exatamente por isso acabam sendo altamente desmotivadores. Eles afastam os melhores talentos. E anestesiam quem fica.

Se é verdade que vendedores cobrados de menos ficam complacentes por encontrarem rápido demais uma zona de conforto, também é verdade que vendedores cobrados em excesso acabam desenvolvendo um filtro em relação às cobranças. Quanto mais safanões e vergões o sujeito vai colecionando em seu dia a dia, mais esse filtro vai ficando espesso. Até que uma hora as pessoas deixam de ouvir – como estratégia de sobrevivência.

Assim, se protegem e passam a operar guardando a maior distância possível da empresa. Não levam mais a sério os discursos messiânicos, nem as metas colocadas, nem as palavras de ordem, nem os gritos de guerra. Deixam de acreditar. O que é péssimo. (Ou pior, se houvesse algo pior do que péssimo.)

Já vivi isso dos dois lados da mesa. Tanto na condição de parafuso que espana quanto na de chave de fenda.

Você gosta de quem trabalha com você?

É importante saber trabalhar com todo tipo de gente. Saber se adaptar aos lugares com inteligência, interagir com os diferentes interlocutores numa frequência que seja boa para todo mundo.

Uma vez um sujeito me disse: "A gente não pode querer só trabalhar com amigos." Ele falava da importância de ser feliz mesmo quando você não morre de paixão por quem está à volta.

Tudo isso é verdade. Mas esses dias percebi como é bom trabalhar com quem você gosta. Tendemos a impessoalizar as relações de trabalho e a imaginar que a química pessoal não é um fator ao qual devamos dar valor. Nutrimos a ideia de que tanto faz quem será o chefe, quem será o sócio, quem será o colaborador. Como se o prazer que temos ou não de estar ao lado daquelas pessoas não valesse nada e não devesse ser um critério a ser considerado na hora de escolher onde e com quem trabalhar.

Diante de uma oportunidade de trabalho, costumamos focar só na grana. Ou no projeto ao qual nos conectaremos. Ou na empresa que assina o convite que recebemos. Ou apenas no talento dos profissionais envolvidos. É um erro que costuma gerar um bocado de sofrimento. Quando a próxima janela profissional se apresentar a você, não se esqueça de prestar atenção nesse ponto: você gosta das pessoas com quem vai dividir o escritório?

Mesmo que você não saiba explicar direito por que (e isso não é fundamental naquele momento), entenda se estar perto daquela turma lhe fará bem ou mal. Se aquelas pessoas inspiram ou paralisam você. Se o atraem ou causam repulsa. Serão seus instintos lhe dizendo o que fazer.

Claro que é possível trabalhar com quem você não admira. Mas entenda, desde o início, que a relação começa mal. E esteja preparado para viver com isso. Pode até ser que você venha a construir ali, com aquelas pessoas, uma obra vistosa.

Pode ser que você venha a mudar de opinião sobre elas. Mas saiba que o risco de estar caminhando sobre um terreno absolutamente instável, que pode ceder a qualquer momento, é grande.

O QUE FAZER COM OS PIORES?

Imagine a seguinte situação. Você é responsável por um negócio. E tem na sua equipe um profissional ruim. Alguém que não entrega, que atrasa, que é mentalmente confuso. Alguém que não brilha individualmente nem trabalha bem em equipe. Alguém que não gera resultados, não contribui com os processos, não tem obra relevante construída. Alguém cujo trabalho não tem grande qualidade, cuja formação é mediana, cujo repertório é fraco.

Você já conversou com ele. Já lhe disse tudo que tinha a dizer. Já lhe deu uma segunda chance. Uma terceira chance. Uma última chance. E ele não reagiu.

De um lado, trata-se de uma peça que não funciona na engrenagem em que você é pago para gerir com eficiência. É alguém que atrapalha, que joga a média para baixo, que gera irritação (ou, na melhor das hipóteses, dó) entre os companheiros de trincheira. De outro lado, trata-se de um ser humano. Que, em qualquer cenário, merece respeito. Então você tem um belo problema nas mãos para resolver.

Uma opção é manter o sujeito no emprego. Para evitar o constrangimento e o desgaste de demitir. Tem muito chefe que age desta forma. Prefere a comodidade de não ter de encarar a situação – por mais incômoda que ela seja.

De modo geral, essa é uma relação que tende a degringolar. Você mantém um profissional com quem sabe que não pode contar. Não o convida para as reuniões mais importantes, não o ouve na hora de tomar decisões, o isola. O sujeito acaba virando um espectro – ele está ali, mas não existe de fato. Passa a ser percebido como um ser incorpóreo, sem direitos.

Gente com um pouco de respeito próprio não suporta por muito tempo essa situação e acaba saindo. Aí o chefe agradece – porque se livra do mau profissional sem ter que tomar essa iniciativa. Mas tem gente que se acomoda e se apequena nessa situação. Passa a conviver com a condição de pária, por falta de ambição ou de personalidade. Ou em nome da manutenção do emprego e do salário.

Com o tempo, é comum que o chefe e os colegas passem a intensificar o desprezo e o escárnio que dedicam a esse sujeito. Às vezes, de modo velado. Às vezes, de modo explícito. É quando o assédio moral se instala. Achacar o sujeito que não deveria estar ali passa a ser o esporte predileto da patota.

A segunda opção do gestor é demitir o sujeito – inclusive em respeito a ele e a sua dignidade. No momento em que ficar claro que não faz mais sentido insistir naquela relação, a melhor coisa a fazer é encerrá-la. Deixar aquele profissional seguir sua vida e ser feliz noutro lugar.

Ter que demitir alguém é o segundo pior momento na vida de um executivo – só perde para ser demitido. No entanto, há situações em que ir embora é a melhor coisa que pode acontecer. Às vezes uma conversa sincera e serena, que abrevia uma caminhada inglória, é ótima saída antes de as feridas se avolumarem, de os danos ficarem grandes demais e de o rancor tomar conta de tudo.

Um agradecimento a todos os nãos que me deram na vida

E já que estamos falando de tombos que em vez de nos derrubar nos impulsionam à frente...

Se aquela menina não tivesse arrasado meu coração, talvez eu nunca tivesse saído daquela cidade do interior, talvez tivesse virado pai na adolescência, talvez nunca tivesse ido para a capital começar a vida adulta. Talvez fôssemos até hoje um desses casais que os americanos chamam de *high school sweethearts* – algo como "namoradinhos da época do colégio". (Eu tenho essa capacidade, me apego fácil. E aquela foi uma paixão avassaladora.)

Se minha vida não tivesse sido tão difícil na época da faculdade, naquela dura troca de pele em que me despi da adolescência, em meio à hostilidade de uma cidade grande e estranha, exilado de meus amigos e de tudo que eu conhecia, fora da minha zona de conforto; se aquele período da minha vida tivesse sido mais fácil, mais macio, talvez eu nunca tivesse procurado a confidência de uma folha de papel, o acolhimento de uma máquina de escrever, numa madrugada solitária qualquer. Então eu não teria publicado meu primeiro livro. Nem os demais. Não teria virado escritor. Não teria descoberto a minha essência.

Se meu chefe na empresa em que obtive meu primeiro emprego fosse mais legal, mais meu amigo, e tivesse me oferecido mais oportunidades de crescimento, talvez eu nunca tivesse ido fazer um mestrado fora do país. Talvez eu estivesse até hoje trabalhando de paletó e gravata numa metalúrgica, cultivando a pança ao mergulhar, dia sim, dia também, o pãozinho francês no compartimento de feijão da bandeja metálica no restaurante da fábrica.

Se meu professor no MBA que fiz no exterior não fosse tão severo e tão fechado, se não tivesse sido tão inflexível diante das nossas diferenças, talvez eu nunca tivesse voltado ao Brasil. Talvez estivesse expatriado até hoje. Talvez tivesse seguido carreira acadêmica e nunca tivesse colocado meus pés no mercado ou no empreendimento.

Se eu não tivesse me divorciado depois de sete anos de um casamento mutuamente proveitoso, marcado pela harmonia, se não tivesse tomado a decisão de correr atrás da paixão, se não tivesse ouvido o que o coração me dizia, se tivesse preferido continuar morando com minha amiga, com minha confidente, com minha sócia em vez de correr atrás de romance, de voltar a ter uma namorada, eu não teria a família que tenho hoje nem os filhos que amo tanto. (E nem minha ex-mulher estaria feliz da vida com a família dela). Não teria virado quem me tornei como pai, como marido e como amante.

Se eu não tivesse perdido o emprego dos sonhos, se eu não tivesse quebrado a cara espetacularmente, interrompendo a vitoriosa e ascendente carreira de executivo que eu vinha levando, se eu não tivesse tido que começar de novo, já aos 37 anos, talvez eu nunca tivesse empreendido. Da mesma forma, se depois da queda eu tivesse sido recebido de braços abertos pelos meus antigos empregadores, se tivesse rapidamente me reconectado a um bom emprego, talvez eu nunca tivesse virado empresário – e não teria produzido as obras que construí nessa seara, nem aprendido a enxergar os fluxos e as oportunidades que ficam costumeiramente invisíveis quando você está empregado.

E se aquela primeira sociedade em que me meti tivesse sido mais equilibrada, menos disfuncional, e se eu não tivesse sido demitido da empresa que ajudei a fundar e que tirei do papel e do chão, talvez eu ainda estivesse lá, acomodado, e não tivesse avançado na construção, pela primeira vez na vida, de um dia a dia profissional mais afeito àquilo que sou e ao que desejo para mim.

Meu sentimento em relação a todos os percalços que vivi, portanto, é de gratidão. Eles me ensinaram. Eles me fizeram crescer. Agradeço a todas as pessoas que ao longo do caminho me desejaram o bem. Mas agradeço também a todas aquelas que me desejaram o pior. Sem querer, elas me deram tijolos que ajudaram minha parede a subir.

Alguém já deixou você falando sozinho?

Não retornar telefonemas e não responder e-mails estão se tornando uma prática comum entre nós. O recado parece ser: "Vou lhe dar uma canseira porque eu posso. E você vai correr atrás de mim porque precisa."

Você envia uma mensagem, e a pessoa ignora solenemente. Não diz nem que sim nem que não. Você não sabe sequer se o sujeito recebeu a mensagem, se leu e deletou, se deletou sem ler, se leu e não entendeu o que estava escrito, se entendeu e detestou, se achou legal, mas prefere tratar aquele assunto mais adiante.

Não responder um e-mail enviado a você, assinado por alguém, é a mesma coisa que uma pessoa lhe dizer "Bom-dia!" ou lhe fazer uma pergunta direta e você ficar em silêncio, como se ela não existisse. Tipo de coisa que faria sua avó puxar sua orelha.

Não há desculpa para isso. Quantidade de e-mails? Todos temos que lidar com isso. E não toma mais de 20 segundos escrever duas ou três linhas dando algum tipo de resposta ao interlocutor. Mesmo que seja um "não, obrigado" ou um "me escreva de novo daqui a seis meses". Preferência pelo uso do telefone ou de um messenger? Avise o seu interlocutor que você considera o correio eletrônico uma tecnologia ultrapassada. Mas trate corretamente gente como você, que tem dúvidas, interesses e expectativas. A tecnologia existe para tornar os contatos entre as pessoas mais eficientes e aprazíveis. Não para justificar a grossura e a insensibilidade.

Permanecer em silêncio, deixando o outro falando sozinho, tem a ver com o senso de ética do sujeito. Com caráter – ou com a falta dele. Mas tem a ver, acima de tudo, com poder. Ignorar o outro, ficar indiferente diante de outra pessoa, é o exercício de uma prerrogativa.

Todas as relações são de poder. Há sempre alguém procurando e alguém sendo buscado, alguém com pressa e alguém com todo o tempo do mundo, alguém fingindo tranquilidade e alguém tentando disfarçar a ansiedade. Essas são as premissas que definem a coreografia de quem vai correr atrás e de quem vai se colocar num pedestal.

Nessa dança entre quem precisa e quem é necessário, o poder econômico é decisivo. Quanto mais próximo o sujeito estiver do cofre, quanto maiores forem os cheques que a sua caneta é capaz de assinar, maior será o seu poder.

Ou seja: relações de poder se dão sempre entre dois bolsos. Se a minha algibeira for mais larga do que a sua, se a grana estiver fluindo mais para o meu lado do que para o seu, você está na minha mão. E aí eu me darei o direito de ignorá-lo ou até de ser grosso com você. As pessoas se tornam cifrões. Aí, não comparecer a um compromisso previamente agendado, ou atrasar uma hora para uma reunião, ou não retornar telefonemas nem responder e-mails será a efetivação de um privilégio.

O sujeito só faz isso com os outros porque pode. Um dia talvez esses ventos mudem de direção – e até se virem contra ele. Até lá, ele seguirá recitando seu mantra desprovido de alma: "Eu sou importante para você, você não é importante para mim. Então você vai correr pra caramba atrás de mim, enquanto eu lhe dou a maior canseira – e talvez até me divirta um pouco com isso."

Perdoar é difícil

Não é legal não aceitar desculpas. Isso se chama rancor. Mas há algumas ofensas que não cicatrizam fácil.

Eu tenho a tendência de marcar um xis na testa de quem cruza uma determinada linha comigo. Ou de quem cruza a linha de uma determinada maneira. Não perdoo alguns tipos de desrespeito. Há imposturas que não são circunstanciais – mas falhas estruturais de caráter. Das quais quero distância.

Sou conservador em relação ao modo como as pessoas devem se tratar. Não costumo flexibilizar isso. Não gosto de ofender nem de ser ofendido. Não desprezo nem gosto de ser desprezado. E não acho que seja coisa comum, que seja pouca coisa, quando esse tipo de situação acontece. No fim, ou admiro a pessoa, ou a limo rapidinho do meu radar.

Não rogo praga nem desejo mal. E busco distância de quem o faz. Seja em relação a mim ou aos outros. Lembro-me de minha mãe me dizendo, ainda na infância, que a indiferença é uma arma poderosa. Acho que absorvi a lição. Tem certas pessoas que eu isolo. Minha relação com os desafetos é essa: passar uma borracha neles em vez de persegui-los ou de confrontá-los. Quero que vivam suas vidas bem. Bem longe de mim.

Claro que isso muitas vezes me impede de perdoar. Muitas daquelas pessoas poderiam revelar aspectos mais nobres de suas personalidades em outros momentos, se eu desse a chance de que momentos futuros ocorressem entre nós. Claro que não aceitar desculpas ou eliminar as condições para que as desculpas surjam não é uma boa atitude. Afinal, também cometo deslizes e, quando erro, também rogo pela chance de reparar o dano.

Saber perdoar é importante. Perdão é uma coisa que faz bem – às vezes até mais a quem perdoa do que a quem é perdoado.

Sobre gente interesseira – incluindo você mesmo

É verdade: todo mundo que se aproximou de você até hoje o fez porque queria alguma coisa que você tinha. Sua mulher, seu amigo, seu sócio, seu chefe, seu pupilo. Ninguém se aproximou de você sem ter algum tipo de interesse em algo que era seu.

Sempre há interesse no meio. Não há amor desinteressado. Ninguém ama uma pessoa por quem não tenha interesse. Se alguém não tiver qualquer interesse por você, aos olhos dessa pessoa você será desinteressante. Então ela não se aproximará, você simplesmente não estará no radar dela. Pior para você. O problema, portanto, não é quererem o que é seu – mas ninguém querer o que você tem a oferecer.

Ao entrar na lista de desejos das pessoas, você não está necessariamente sendo vítima de gente interesseira. Não é certo que por trás de cada rosto amigo se esconda uma pilhagem prestes a acontecer, uma intenção latente de vilipendiá-lo. Tudo isso pode, sim, acontecer – mas também pode estar muito longe de ocorrer.

Quando o chamam para um emprego, querem o seu talento. E vão extrair o mais que puderem das suas competências. (E isso é bom, é do seu interesse que seja assim.) Quando o chamam para uma sociedade, olham para aquilo que você pode aportar, algo de que aquele empreendimento precisa – capital, contatos, experiência, capacidade de trabalho. Quando casam com você, desejam algo que você oferece – segurança, companhia, sexo bom, herança, pensão, posição social.

Em suma: as borboletas que saracoteiam à sua volta estão ali por alguma razão. Elas estão atrás de um néctar seu, seja ele qual for. E isso não é um problema. Você não está sendo abusado, passado para trás, roubado em suas virtudes. Se elas não tivessem razão alguma para estarem ali, simplesmente estariam polinizando outra planta. Você estaria sozinho. O problema, de novo, é não ter a capacidade de atrair borboleta. Então não se sinta vítima do interesse alheio. Ninguém o está sacaneando. Se você não tivesse nada a oferecer, não teria mulher, nem amigo, nem sócio, nem chefe. E mais: você também se aproximou das pessoas ao longo da vida movido por interesses. Você também as aceitou ou as abordou, levando em conta algo delas que lhe interessava.

Relações desinteressadas? A ausência de interesse se transforma mais cedo ou mais tarde em ausência de relação. Melhor é compreender bem os interesses que estão em jogo. Ter claro o que você quer e o que querem de você. E tocar a vida.

Entre sorrisos e sorrisos

Tem gente que sorri muito, a toda hora, por qualquer coisa. E ganha pontos no atacado. Quem não gosta de ser recebido com um sorrisão? São pessoas tidas como simpáticas, bem-humoradas, agradáveis. Não importa que o sorriso seja genérico, oferecido a granel. Não importa que esses sorrisos sejam enlatados e sem alma como salsichas em conserva.

Tem gente que sorri com os olhos. Que sorri mesmo na hora de dar uma notícia desagradável ou de criticar. Gente simplesmente incapaz de oferecer aos outros um cenho franzido. Trata-se de uma habilidade. O sorriso é uma estratégia de conquista social vencedora. Uma ferramenta poderosa para abrir portas, desmontar oposições, arregimentar simpatias.

Na outra ponta, tem gente que só ri quando acha que há algo de fato engraçado sobre a mesa. E ganha pontos no varejo. Pontos valiosos. Trata-se do sujeito que não sorri no automático. Então, quando esboça um sorriso, ele expressa uma alegria autêntica. O sorriso de pessoas assim tem mais significado. Por ser espontâneo e não fruto de ensaios à frente do espelho.

Confesso que desconfio de quem é contente demais. Acabo me fechando um pouco. Quando sou recebido com muita efusão, sei que não é real. Aprendi que o sujeito muito feliz na maioria das vezes não está sendo honesto, nem comigo nem com ele mesmo. Quando a felicidade é uma reação padrão, ela não vale quase nada.

E há um terceiro tipo de gente – os que sorriem menos do que deveriam. Esses precisam dar mais risada, levar a vida com mais leveza, saborear mais alegrias. Esses têm uma expressão sorumbática, mesmo quando estão felizes. Em mero estado de repouso, passam por antipáticos. Mesmo quando estão alegres, as pessoas olham para eles e acham que estão tristes. Ou bravos.

Admiro os caras simpáticos. Acho que eles represam bem as suas sombras interiores e tratam sempre de oferecer aos outros uma versão ensolarada de si mesmos. O que significa, antes que tudo, respeitar o interlocutor.

Olhe bem para os lados

Há uma força importantíssima no mundo das corporações que você simplesmente não pode ignorar: o poder dos seus pares.

Você está correto se seu foco de preocupação for a camada de cima, se sua estratégia for costurar alianças com seus chefes e com os chefes de seus chefes. Você também está correto se seu foco de preocupação for o time que se reporta a você, se sua estratégia for ganhar a confiança e o respeito dos seus colaboradores e dos colaboradores de seus colaboradores.

De um lado, você estará garantindo a simpatia da alta gerência, dos acionistas talvez. De gente com poder para promovê-lo ou para demiti-lo. De outro lado, você estará garantindo, ao conquistar a simpatia da base, que a voz rouca dos corredores sussurre coisas boas a seu respeito. Esse tipo de informação sempre chega a seu destino. E vale muito por ser espontânea. É assim que se forma a reputação de um profissional.

Mas você está completamente equivocado se ignorar quem atua na mesma camada que você. Seus pares são um público crucial para o desenvolvimento da sua carreira. A voz deles não ecoa na rádio peão – ela surge diretamente nas salas de reuniões mais decisivas e nos gabinetes mais poderosos. E são vozes em geral afiadas, ferinas, mesmo quando dissimuladas.

Seus pares levam informação de cima para baixo e de baixo para cima, editando, evidentemente, essa informação de acordo com seus interesses. Seus pares conchavam entre si. E têm o poder de manipular, em boa medida, a visão tanto de quem está em cima quanto de quem está embaixo. Seus pares se sentirão ameaçados por quem não conchavar com eles, por quem for independente, por quem estiver passando pela faixa da esquerda em alta velocidade. É simples: ou você é visto como aliado ou será visto como inimigo.

Há quem ignore os pares. Ou porque se sente muito bem conectado no andar de cima. Ou muito bem apoiado pelo andar de baixo. Ou porque não tem a habilidade política para estabelecer um pacto de boa vizinhança com adversários – pares são sempre adversários. Esses executivos têm grandes chances de sentir na pele as consequências dessa postura, em algum momento de suas carreiras.

E talvez o melhor jeito de lidar com os pares seja mostrar o quanto você pode ajudá-los. O quanto vocês podem se ajudar mutuamente – apesar de dividirem o presente e disputarem o futuro. O quanto realizar seus objetivos pode ser útil a que eles realizem os deles – e vice-versa.

Pode ser isso. Pode ser qualquer outra coisa. Só não dá para esquecer que é preciso conquistar seus pares. Ou, no mínimo, estabelecer com eles um armistício mutuamente rentável. Do contrário, prepare-se para enfrentar, mais cedo ou mais tarde, a Sibéria corporativa. Ou coisa pior.

A INTOLERÂNCIA BOA DE TER

A idade tem me ensinado um negócio chamado tolerância. Eu já fui um bocado intolerante. A falta de paciência, e muitas vezes de respeito, com quem é diferente da gente, no fundo embute a ideia de que estamos sempre certos e de que os outros estão sempre errados, como se fôssemos o parâmetro óbvio de todas as coisas e os outros fossem os eternos desviantes.

Às vezes ser intolerante significa reclamar do mundo à volta simplesmente para não ter que analisar a si mesmo. Enquanto você está criticando os outros não precisa escrutinizar sua própria conduta.

Ao mesmo tempo, a idade tem me ensinado a identificar algumas imposturas mais rapidamente. E a ser menos tolerante com elas. No começo da vida, você muitas vezes sente um cheiro de fumaça, mas duvida do próprio olfato. Você pressente a armação, mas se deixa levar pelos outros e torce para que esteja errado. Na maioria das vezes você não está. E se dá mal. Hoje acredito mais em meus próprios olhos. E em meus próprios sentimentos.

Essa é uma intolerância boa de ter. Especialmente diante de especialistas na arte da camuflagem. Tem um executivo, por exemplo, que encontro com enorme frequência sendo anunciado na mídia como novo diretor aqui, sócio de outra empresa ali, recém-contratado por alguém para determinada empreitada acolá. E é um sujeito que não construiu obra alguma ao longo da carreira. Não produziu resultados de que possa se orgulhar, não inventou, não vendeu, não desenvolveu, não inovou, não criou – não fez nada realmente notável. E, no entanto, deu um jeito de pontuar seus anos de irrelevância com convites e promoções.

Hoje estou menos tolerante com o embuste – mesmo quando ele é comungado por muitos. Minha capacidade de me deixar convencer por aquilo em que não acredito se reduziu muito. Ainda bem.

POR QUE TANTA GENTE MÁ VAI MAIS LONGE NA CARREIRA DO QUE GENTE BOAZINHA?

Você conhece esse tipo de executivo. Ele já foi avisado diversas vezes que precisa melhorar alguns aspectos na sua conduta. Ou é um cara brutal no trato com seus subordinados. Ou tem uma postura insolente, de permanente desafio aos chefes. Ou então é um cara que faz tudo do seu jeito, à revelia dos outros, sem negociação. Ou então..., bem, você pode pensar num bocado de coisas para cobrir essas reticências.

Apesar de tudo isso, e dessas questões serem notórias e públicas, você também já percebeu que o sujeito está muito longe de ser demitido. Como pode? Você que é tão menos cheio de arestas patina na carreira e esse sujeito, cheio de espinhos, não para de avançar. Quer saber, só aqui entre nós?

Provavelmente ele será promovido, com suas idiossincrasias, antes de você, que é todo certinho.

A verdade é que o sujeito que é negligente em determinado aspecto da sua vida profissional só continuará vivo na carreira se for muito bom em algum outro aspecto que a empresa valorize mais.

É daí que vem a autoconfiança de sujeitos assim, que, ao contrário de você, não estão nem aí para seus eventuais defeitos ou para as críticas que recebem. Afinal, eles já perceberam que suas virtudes parecem compensar todas as arestas, aos olhos da empresa. Ou o cara vende muito. Ou tem ideias sensacionais. Ou é um exímio cortador de custos. Ou é querido pelos clientes. Ou tem grande entrada com os investidores. Ou é um grande negociador com os credores.

Algum valor importante esse cara agrega. Talvez ele nem seja bom em gerar resultados concretos, criando produtos, gerindo pessoas, prestando serviços, administrando marcas, cuidando de clientes, aumentando o faturamento. Talvez a sua força esteja no campo da política corporativa, da amarração de pessoas ao redor de compromissos intangíveis (e muitas vezes impublicáveis), na inteligência emocional que lhe permite ocupar espaços na hora certa (e sair de cena na hora certa também), na construção de laços baseados em coisas que nunca são ditas de viva voz.

As empresas fazem facilmente essa troca – ficam com as vantagens que o sujeito oferece e engolem os aspectos toscos da sua performance. Desde que valha a pena para elas.

Qual é o seu quociente de BE – Burrice Emocional?

A burrice emocional, da qual sou um praticante remido, se manifesta de várias formas. Uma delas, a incapacidade de perceber o que não está sendo falado – embora esteja sendo dito. De ler o que não está escrito sobre as linhas, mas entre elas, debaixo delas, nas margens, no rodapé, com tinta invisível – e muito sonora.

Tem um monte de coisas absolutamente audíveis que são ditas sem som. Há verdadeiros gritos de advertência embutidos em alguns sussurros – e até mesmo em alguns silêncios. Tem gente que fala o contrário do que quer dizer, que urra com um gesto sutil, que embala uma tremenda cara feia num sorriso manso, que esconde intenções homicidas em gestos cordiais.

Há quem compreenda tudo isso rápido. Gente que recebe a encomenda, independentemente da embalagem bonita, e entende completamente o que tem ali dentro. Mas também há quem só enxergue a embalagem. E imagine que o invólucro traduza sempre o conteúdo. Eu estou nesse segundo grupo.

Para esses incautos, as mensagens subliminares funcionam mais ou menos como uma língua que você não domina. Há todo um diálogo que se dá diante de você – e que você não compreende. É como se você fosse um animal que só ouvisse em determinada frequência – acima ou abaixo dela você é surdo.

As criaturas emocionalmente burras, como eu, só acreditam naquilo que está expresso. A crença é que, se não há palavra, nada está sendo dito. Se não é oficial, não deve ser considerado. Como se o que não foi nominado, como se o que foi apenas sugerido, não devesse ser computado. Então caras como eu leem só metade da realidade – às vezes bem menos da metade, dependendo do ambiente.

Sabe aquele jovem Luke Skywalker, ainda um padawan, que fica treinando com seu sabre de luz de olhos fechados? Esse é um treinamento que eu não fiz. E que às vezes faz falta – a capacidade de sentir, de acreditar na intuição, de levar um pouquinho mais a sério aquele sentimento que você às vezes não consegue explicar, mas que está ali, dentro de você, na boca do estômago, no fígado, com chances enormes de ser a coisa mais verdadeira ao redor.

A REFINADA ARTE DE LER NAS ENTRELINHAS

Eu sou um literal. Essa é a minha escola – dizer o que penso e fazer o que digo, ouvir e acreditar no que escuto. Essa é a minha construção – vale o que foi enunciado.

Tem uma questão de lógica aí – se não está valendo, por que foi dito? Ou então de praticidade: se não é real, por que está escrito? Não era mais fácil simplesmente escrever o que é de verdade? Ou então não escrever nada? Tem também uma questão de correção – uma tentativa de operar sempre pela verdade, em oposição a mentir ou enganar. Diante dessa obsessão pela transparência, mesmo a omissão não soa bem.

É uma ingenuidade imaginar que a vida é preto no branco – quando ela, na verdade, é cheia de degradês. As pessoas são inconstantes. Quase nunca o que afirmam pode ser levado ao pé da letra. Simplesmente não é assim que as coisas acontecem na realidade.

Somos seres cheios de incongruências e contradições. Somos afeitos a oscilações repentinas de humor e de opinião. Operamos guinadas bruscas em nossa conduta. Às vezes de modo irrefletido, às vezes como parte de uma estratégia longamente urdida. Ignorar as entrelinhas, portanto, é deixar de lidar com códigos essenciais da vida em sociedade. Recusar a leitura de elementos como linguagem corporal, pausas, hesitações, olhares, expressões faciais, tons de voz é, no fundo, uma recusa a entender o que está sendo dito pelo outro – mesmo quando ele está de boca fechada. Ou então compreender o que *não* está sendo dito – mesmo diante de uma afirmação. Dito de outro jeito: a literalidade é uma espécie de cegueira. E eu sou um literal.

É fundamental aprender a perceber o quinhão de absurdo contido nas relações humanas. (Inclusive porque é divertido!) Especialmente em ambientes altamente competitivos, cheios de seres humanos desassossegados, como as grandes empresas. A literalidade é mais do que uma cegueira em ambientes assim – ela é uma fragilidade letal. Um pouco como estar sentado no volante de um carro em alta velocidade, descendo a montanha por uma estrada cheia de curvas fechadas – e se recusar a tirar a venda da frente dos olhos. A chance de você voar desfiladeiro abaixo é altíssima.

Um dos caminhos para mitigar essa tendência de enxergar tudo muito puro, sem gradação nem nuance, é não levar as coisas tão a sério. É não ser tão estrito na hora de enxergar a si mesmo e aos outros. A literalidade lima as sutilezas do seu campo de vista. E assim distorce a realidade – exatamente pelo hiperrealismo com que busca captar e compreender o que está ao redor.

O risco desse movimento seria ir para o extremo oposto e passar a ignorar o visível em nome de apenas interpretar o que estaria sendo dito de verdade. Como se o texto fosse sempre um simulacro, uma enganação, e só o subtexto contivesse as mensagens reais. Trocar a literalidade pela desconfiança não adianta – isso é paranoia.

O fato é que não dá para ser bem-sucedido no mundo corporativo levando tudo muito a ferro e fogo. Quem joga bem esse jogo sabe relevar, sabe a hora de virar o rosto e ignorar. É preciso ter noção do jogo cênico que está rolando no palco. Não é exatamente um mundo de mentiras – mas sim um faz de contas, em que à vezes é preciso dizer o que o outro quer ouvir, e fazer o que é conveniente que seja feito (mesmo que não seja o que é bom e justo). É duro. Mas é isso.

LUCIDEZ EM MEIO AO CAOS

Se você pudesse se enxergar como uma peça viva sobre o tabuleiro corporativo, como em **Tron**, aquele filme em que o sujeito vira personagem dos próprios videogames que criou, como você se sairia?

Os melhores atletas de escritório sabem encaixar falas e silêncios, sorrisos e olhares, sabem conduzir o escambo de gestos e favores, sabem oferecer solidariedade a desafetos – e abandonar muitas vezes à própria sorte pessoas com quem simpatizam. Empresas são ambientes onde é preciso fingir acreditar na história que está sendo contada, e tomar parte nela, e achar seu lugar na trama em vez de questioná-la ou de tentar reescrevê-la. Faça diferente, e você será o personagem assassinado no próximo capítulo.

Se você não tiver estômago para virar um atleta corporativo, ao menos aprenda a sobreviver. Talvez o melhor caminho para isso seja aprender a rir desses jóqueis montados em cavalos xucros. E a rir de si mesmo. E das situações em que você acabará metido – tomando o cuidado de nunca ultrapassar a linha ética que você decidir riscar para si mesmo.

É fundamental aprender a enxergar as doideiras – inclusive para se manter a distância delas. É preciso aprender a conviver minimamente com os e-mails acéfalos e com as reuniões inúteis, e com as ordens e contraordens amalucadas, e com os relatórios sem sentido e com os telefonemas desagradáveis. É preciso aprender a lidar com as rotinas desinteligentes sem emburrecer. E a conviver com tarefas cretinas sem se tornar um energúmeno. (Atenção: quando você deixar de enxergar a estupidez que o cerca, é provável que tenha se tornado um estúpido.)

Esse é o caminho de focar o que é essencial e de não perder tempo com o que é supérfluo. De escolher bem as brigas que valem a pena. De aprender a conviver com as imperfeições ao redor e a tirar dali só o que for bom, negociando limites nessa relação com a loucura cotidiana do escritório – inclusive para não enlouquecer junto. Estar lúcido em meio ao caos é um diferencial competitivo importante.

E quando não for mais possível aguentar esse torvelinho, bem, aí você estará pronto para partir. De peito aberto, sem dúvidas nem remorsos. Quando esse momento chegar, se um dia chegar, respire fundo, aperte o botão vermelho e tenha em mente um bom plano B. B de "boa sorte". B de "boa decisão".

Talvez isso lhe pareça hoje a coisa mais louca a fazer. Mas eu lhe digo: talvez, ali na frente, venha a ser a mais sã.

A ARTE DA SINCERIDADE RADICAL

Ouvi a expressão sinceridade radical, pela primeira vez, de um bom chefe que tive. Que era bom exatamente porque colocava com clareza, às vezes rascante, o que pensava e o que queria. O cara era transparente, direto, assertivo. Era fácil lidar com ele por causa disso: você se preocupava com o que ele estava dizendo – e não com o que ele estava sugerindo. Era uma economia enorme de energia em relação à maioria dos ambientes corporativos, em que o mais importante é o que não está sendo enunciado claramente, o que fica subentendido, o que é deixado propositalmente em terreno ambíguo.

A sinceridade radical consiste em dizer o que há para ser dito de forma honesta e transparente. É não dizer pela metade. Trata-se de um quitute raro em nossa culinária corporativa aqui no Brasil. Nós não somos um povo frontal. Ao contrário, somos esquivos. Quanto menos confronto aberto, melhor. Tentamos sempre contornar as situações. Ou então resolver os conflitos de modo oblíquo, por meio de conchavos. Com a clareza dura da sinceridade radical, não sobra espaço para zonas cinzentas – que é um terreno confortável para um bocado de gente.

A sinceridade radical é vista por aqui como uma espécie de oitavo passageiro que vive dentro de quem a carrega, um monstro alienígena incubado, prestes a sair arrebentando o esterno e espirrando sangue e pleura em quem estiver à volta. Sinceridade radical implica revelar a sua verdade e encarar a verdade do outro. E conversar abertamente sobre como aproximar as duas posições. Só que nós não gostamos de ter que olhar nos olhos do outro e dizer o que estamos pensando.

Nem gostamos de ter que ouvir do outro, em contraposição, o que ele está sentindo. Essas são práticas estranhas à nossa cultura.

Desacostumados que estamos ao debate franco, diante de uma situação de confronto, ou nos escondemos ou partimos para a agressão. Quando nos vemos numa posição de disputa, quando não é mais possível tergiversar, quando nos sentimos encurralados, saímos batendo. Não raro, de modo atabalhoado.

Não sabemos discutir. Por isso é que, na maioria das vezes, as discussões entre nós descambam para a briga. E as discordâncias viram ofensas pessoais irreconciliáveis. Nosso estilo de comer pelas beiradas, imaginando que assim jamais precisaremos encarar o núcleo fervente da sopa, não criou nenhuma resistência à temperatura em nossa língua.

A sinceridade radical, ao falar sobre aquilo que todo mundo está silenciando, ao revelar o que todo mundo sabe, só que finge não perceber, é um desrespeito ao pacto geral de panos quentes. Fugimos como podemos de acareações, de horas da verdade, de nos mostrarmos como realmente somos.

Numa relação radicalmente sincera cabe tudo. Todas as inquietações podem sair das sombras e se pronunciar de peito aberto. Não há tabu nem assunto proibido. Sinceridade radical é dizer tudo – coisas bonitas e coisas feias. E estabelecer a transparência como um acordo básico de governança da relação.

Há duas armadilhas na prática da sinceridade radical. A primeira é ela se estabelecer numa relação de não reciprocidade.

Ou seja: ela precisa valer para os dois lados. Ser sinceramente radical quando é você que detém o monopólio do microfone é fácil. Uma relação radicalmente sincera só se dá quando quem fala também está pronto para ouvir.

A outra armadilha são os excessos envolvidos – há riscos emocionais quando se imagina que dizer tudo que há para ser dito desobrigue o sujeito de dizê-lo com cuidado. Dizer a verdade não implica agredir o interlocutor. Nem sempre é fácil achar esse equilíbrio. Às vezes tem coisas que você ouve – e coisas que você diz – que calam fundo, que vão penetrando na carne aos poucos, não exatamente na hora em que você as enuncia ou escuta, como um ácido de efeito lento e corrosivo. Essas feridas se tornam por vezes insuperáveis. Jamais sairão de você. Você jamais as esquecerá. E elas vão virar características suas, como cicatrizes que se tornaram queloides.

Um caminho para aparar essas arestas talvez seja perceber que a sinceridade radical é no fundo falar com os outros do jeito que você fala consigo mesmo. (A menos, claro, que você seja um algoz íntimo de si mesmo. Ou, então, ao contrário, alguém sempre disposto a se perdoar por tudo.)

Outro caminho é compreender que dizer tudo não significa dizê-lo de qualquer jeito. Mesmo sob a égide da sinceridade radical, a elegância e a compaixão são valores bem-vindos. Aliás, num cenário de plena franqueza, valem mais do que nunca. Dizer a coisa certa é respeitar o outro. Dizê-la do modo certo também.

Você é um bom ator?

A vida corporativa requer *acting* – que é a arte de atuar, de representar um papel. Toda relação humana requer essa habilidade, em alguma medida – mas a vida nas grandes empresas potencializa muito essa demanda. Quanto mais políticas são as empresas – e me aponte uma que não seja –, mais essa necessidade de saber se colocar bem no palco se impõe ao executivo. Bons executivos são, antes que tudo, grandes atores.

Atuar não é tão simples quanto parece. Os sorrisos que você dá no palco não são espontâneos (a espontaneidade costuma ser letal no escritório), mas eles também não podem ser fingidos – o ator canastrão, na vida corporativa, é pichado como "falso". E só uma coisa expõe mais um executivo do que dizer a verdade – ser visto como um mentiroso. É um paradoxo. Mas é isso mesmo.

O problema da sinceridade no escritório é que ela incomoda pelas verdades que expõe. O problema com a falsidade é que ela incomoda pelas mentiras que expõe - afinal todo mundo ali naquele ambiente é "falso", é sócio nessa "falsidade" tácita. E num ambiente em que todos estão atuando – fingindo dizer a verdade e buscando ser convincentes nesse intento – a presença de um canastrão levanta o pano e revela o palco, o *script*, a maquiagem, enfim, os elementos cênicos que estão regendo aquele convívio.

O mau ator estraga o jogo de todos, mostra com sua interpretação canhestra que todos aqueles gestos e aquelas falas pretensamente francos são na verdade movimentos bem calculados, que desempenham uma função e têm um objetivo.

Executivos atuam para operar politicamente, para saber mais do outro – sempre um adversário em potencial –, se expondo o menos possível. Trata-se de uma esgrima. Atuar, no escritório, é uma ferramenta de competição. Executivos de sucesso, aqueles que se dão bem, são os que sabem se preservar e esnocar os demais, são os melhores enxadristas.

Na outra extremidade da régua estão os executivos que não sabem atuar. Os transparentes. Os de olhar sincero. Os que se precipitam e dizem a verdade. Os que não projetam cinco jogadas à frente antes de agir. Os que muitas vezes pensam antes no negócio e na empresa e não em si mesmos e em suas carreiras. Esses são os que não se dão bem.

Então é preciso aprender a atuar. Sempre fui um cara amarrado à verdade. Sempre alimentei a ideia de que qualquer maquiagem na forma de dizer alguma coisa significaria fingimento, de que qualquer retoque na expressão de um sentimento implicaria desonestidade com o interlocutor. Então apostei tudo na transparência. E desprezei o *acting*.

No entanto, um dos talentos necessários à sobrevivência no mercado, seja como executivo, seja como empresário, é saber fazer *mise-en-scène*. Trata-se de enfatizar um momento de alegria com um sorriso concebido especialmente para isso, diante de alguém que mereça essa mesura. (Esse não será um sorriso falso, porque a intenção é genuína – ele apenas será um sorriso maquiado para realçar seu significado.) Trata-se de cravar uma aura mais emocional às próprias palavras no momento de firmar, como um ponto de honra, um item do qual você não quer abrir mão numa negociação. Trata-se, enfim, de desenvolver um arsenal legítimo que o ajude a comunicar melhor o que você quer dizer, a vender uma ideia ou a recusar um argumento contrário, a demonstrar simpatia por alguém que lhe interessa ter como aliado ou a disfarçar o desagrado que um par ou um superior lhe causa.

Saber atuar é nutrir a própria capacidade de convencimento. Quem se recusa a atuar trancafia sua imagem numa TV preto e branco sem som. O ponto é desenvolver essa competência sem se perder da honestidade. Estou aprendendo. Mas acho que o caminho é atuar para ressaltar as verdades e não as mentiras, usar a maquiagem para tornar tudo ainda mais verídico.

Como se o bom executivo pudesse ser um fingidor que finge tão completamente que chega a fingir que está sentindo aquilo que deveras sente.

Você fala bem?

Falar bem é uma arte. E há dois modos de fazê-lo.

O primeiro é o modo substantivo: sucinto, objetivo, prima por usar o menor número de palavras possível para dizer determinada coisa. É um estilo preciso, enxuto, que busca ir direto ao cerne das questões que aborda. A fala substantiva é estonteante em sua simplicidade. O estilo sem arestas é ferino, afiado – o que às vezes constrange alguns interlocutores fãs do rococó.

O outro jeito de falar bem é o adjetivo: floreado, grandiloquente, prima pelo ritmo, pela poesia, pelo colorido das palavras. Trata-se do sujeito que fala à francesa, à italiana, mastigando com gosto as palavras, saboreando cada frase como um chef apaixonado pelos próprios quitutes. A fala adjetiva é pura sedução em sua exuberância, em sua profusão de sentidos e sensações. Diante de um orador assim, às vezes você entra em alfa, numa espécie de transe linguístico (especialmente se o timbre de voz do sujeito for agradável). Você se deixa levar pelo charme irresistível daquela prosa, pela musicalidade daquelas sentenças, muito antes do que pelo seu conteúdo.

Lembro-me de uma reunião que tive com um adepto do estilo adjetivo de falar. Eu me peguei curtindo aquele encadeamento bonito de frases, o uso adequado dos jargões corporativos. O sujeito tinha uma prosódia cadenciada, um certo ritmo "gerencial" de falar, uma certa linguagem corporal bem-comportada, formal, que combinava com a gravata. Um negócio bonito de ver.

A existência de um discurso competente no escritório me chamou a atenção pela primeira vez logo em meu primeiro emprego. Um consultor uns 10 anos mais velho me chamava ao engajamento num projeto dizendo: "... se isso fizer sentido para você." Numa empresa de hierarquia quase militar, aquilo brilhava como ouro. Ele deixava claro que a minha participação era esperada. Mas o fazia de modo suave. Não me dava ordens. Me convidava à adesão. A expressão *soft power* ainda não havia sido inventada. Mas, em última análise, era disso que se tratava. Ali, era o poder das palavras se revelando a mim. O poder da fala, do jeito certo de dizer as coisas.

Desde então tenho me tornado um observador fascinado da oratória corporativa. Às vezes é o uso de um eufemismo que me encanta – a capacidade de dizer lateralmente, de falar causando um mínimo de fricção, de se posicionar sem queimar pontes. (Deixar as pontes intactas é uma das regras fundamentais da empregabilidade para qualquer executivo em qualquer mercado.)

Adoro também assistir à construção de uma aparência de segurança e de profundo conhecimento de causa quando, na verdade, o sujeito não tem a menor ideia do que está falando. Outras vezes, meu olho brilha com a habilidade de determinados oradores de formularem discursos inteiros, bem montados, eloquentes, com o objetivo de dizer absolutamente nada, de não se comprometer um milímetro com lado algum de uma determinada questão.

A fala corporativa é uma arte. Bons executivos capricham na forma exatamente quando, no conteúdo, não estão tão bem assim. Seja na hora de se posicionar numa reunião explosiva ou de fazer uma apresentação diante de uma audiência hostil ou de explicar um erro indesculpável ao chefe ou de propor um novo investimento a um gestor sovina. Falar bem é uma competência que todos nós precisamos desenvolver – ela nos faz parecer assertivos, bem formados, instruídos, competentes e articulados. Mesmo em situações em que não somos nada disso.

Se a fala adjetiva costuma funcionar bem nas grandes corporações, numa empresa pequena, em que tudo é mais direto e mais rápido, em que as coisas se decidem mais no olho no olho e em que as relações, por essa razão, tendem a ser mais francas, esse discurso pode soar como impostura. Num negócio menos focado na administração e mais focado nos resultados, num ambiente sem tanta política corporativa e mais centrado na atividade-fim da empresa, a fala substantiva tende a funcionar mais – e tudo que não for papo reto corre o risco de ser visto como enrolação.

No final das contas, para falar bem é essencial ter o que dizer. Se você souber dizê-lo de modo substantivo, pá pum, ótimo. Se você souber dizê-lo de modo adjetivo, com arranjos florais e arabescos, ótimo também. E sempre que não tiver nada a dizer fique quieto.

Quando você não é o menino mais inteligente da classe

Tenho certeza de que isto já aconteceu com você.

Há quem, numa conversa com a gente, coloque o dedo num ponto central que estávamos guardando como segredo. Você tinha montado o seu discurso de modo a tergiversar sobre a sua posição acerca de um determinado tema sobre o qual não estava a fim de falar. E do nada, como que por acaso, quase sem querer, seu interlocutor deixa claro, numa resposta, que derrubou a sua cidadela, que enfiou um periscópio na sua intimidade, que decifrou seu código, que sacou exatamente aquilo que você não queria que ele soubesse.

O sujeito não afirma frontalmente para não parecer antipático demais ou para não lhe causar excessivo constrangimento, mas coloca no bolso do seu casaco a letra que desnudou você diante de você mesmo. Ainda que ele tenha a elegância de fingir olhar para outro lado enquanto você se debate para encobrir de novo seu segredo, o fato é que ele lhe aplicou um tuchê. Você tinha a bola dominada, e ele a roubou de você na boa, com um drible arguto que o deixou sentado no gramado.

Tenho certeza de que isto também já aconteceu com você.

Há quem, numa conversa com a gente, coloque o dedo num ponto sobre o qual não estávamos nos dando conta. Quando isso acontece, sacamos ali que o sujeito simplesmente enxergou primeiro algo que nós inexplicavelmente não estávamos vendo. Não sabemos direito, numa situação assim, se agradecemos o sujeito ou se o odiamos por isso. Faz-se ali a luz – graças a ele, não a você. O jeito de ver as coisas, a síntese, as conclusões do sujeito lhe ultrapassaram. Então você é compelido a trocar a sua reflexão pela dele. A adotar o ponto de vista do outro. Poucas coisas geram mais ódio num sujeito com alguma autoestima intelectual do que isso – ter que dar o braço a torcer porque a linha de raciocínio do seu interlocutor se mostra mais poderosa do que a sua. Trocamos de opinião – a fórceps. E ficamos inevitavelmente com uma expressão parva no rosto, com um sentimento de que nos vestiram calças curtas, de que voltamos a ser colegiais.

Tenho certeza de que isto também já aconteceu com você.

Há quem, numa conversa com a gente, diga algo, solte uma frase que só vamos entender mais tarde. Na hora, aquilo não faz sentido. Não encaixa, nosso radar não capta, nem sequer o compreendemos (porque não estamos preparados para entender aquela mensagem naquele momento). É quando de novo surge a nossa frente um sujeito com o dom de nos traduzir, com o poder de nos jogar muitos metros adiante – a uma conclusão avançada, num ponto futuro que só vamos alcançar mais tarde, se tivermos sorte. Esses caras costumam virar nossos ídolos, costumamos elegê-los como nossos mentores – se formos inteligentes. Caso contrário, passamos simplesmente a detestá-los pela sua capacidade de enxergar mais longe.

Tudo isso para dizer o seguinte: tem gente por aí mais inteligente do que você. Sempre tem. Não seja burro a ponto de não tirar todo o proveito que puder desses encontros imediatos de terceiro, quarto e quinto graus.

Você versus a altura da barra

Suponho que você seja alguém talentoso e esforçado. Mesmo assim você será confrontado na vida, algumas vezes, com a incômoda posição de não figurar entre os melhores. E de ter que correr atrás apenas para ficar na média.

Estar entre gente muito boa, melhor do que você, não é fácil. É uma situação incômoda para qualquer um que tenha algum tipo de ambição e um pouco de autoestima. Eu já vivi isso algumas vezes. E lhe digo: não é fácil. Se você tomar as decisões corretas, aprenderá um bocado, expandirá sua própria capacidade, sairá melhor do que entrou. Se você se fechar, virar as costas, aí sim, emburrecerá.

Quando se vive uma situação assim, tudo o que se quer é reencontrar a zona de conforto, sair da pressão. Tanto a que advém dos outros, que esperam de você uma performance similar à deles, quanto a que brota de dentro de você, a mais cruel das cobranças, que o faz odiar a si mesmo por não conseguir alcançar com sua vara a altura da barra colocada ali pelos demais. A autoestima tende a baixar, a ansiedade tende a crescer, e sair todo dia de manhã para trabalhar começa a soar como um exercício de autoimolação. (A menos, é claro, que você desencane e aceite de bom grado um lugar no fim da fila.)

No meio desse processo de desejar a calmaria por estarmos sofrendo no olho do furacão, não percebemos que é muitíssimo pior a situação contrária – trabalhar entre gente ruim. É mais fácil se destacar, claro. A pressão diminui. Mas você não aprende, não se desenvolve. Sem ninguém mais rápido, sua tendência é diminuir a própria velocidade. A barra relativamente baixa não lhe oferece desafio. Sua performance individual acabará sendo puxada para baixo. Nesse cenário, para avançar, você terá que empurrar os outros. Tudo fica menos eficiente.

Quando você se dá conta, virou mais um praticante da autocomplacência e da lentidão improdutiva. Quando a ruindade relativa é apenas uma questão de circunstância, mas há vontade da turma de avançar, menos pior. E quando o desempenho medíocre é uma atitude instalada, uma displicência assumida, uma postura de grupo?

Acredite: mil vezes trabalhar com gente muito boa que não o deixa respirar – mas que o faz crescer – do que com um bando de dorminhocos que lhe oferecem uma vida pacata – só que medíocre. Mil vezes ser o pior dos melhores do que o melhor dos piores.

5
A EXUBERANTE FAUNA CORPORATIVA

No trabalho, você é suicida ou apenas masoquista?

Tem gente que arranca os cabelos, tem gente que mastiga as próprias cutículas, tem gente que come meleca de nariz. Tudo isso é ansiedade. Falta de jeito para lidar com a impermanência das coisas, com a instabilidade de tudo, com a grande insegurança de viver.

Tem gente que se corta com gilete, tem gente que se bate, tem gente que se arranha, tem gente que simplesmente não gosta de si. Tudo isso é impulso autodestrutivo, é o Tânato do sujeito operando contra ele mesmo.

Esse tipo de comportamento também existe no trabalho. Tem gente que chama o tapa, que se expõe de graça, que se mostra muito menos inteligente do que realmente é. E o faz deliberadamente, com o objetivo de apanhar mesmo — esses são os masoquistas corporativos. Gostam de sofrer. De preferência em público. É assim, se martirizando, que imaginam atrair a afeição alheia.

E tem aqueles que sequer precisam dos outros para obter os hematomas que buscam para si. Esses são os suicidas corporativos. De modo geral, usam o trabalho como *tripalium*, como ferramenta de tortura. E se atiram à faina com espírito camicase. Adoram virar noites e dias em jornadas excruciantes. Ao se vitimizarem se imaginam heróis, têm orgulho de seus voos autofágicos.

Os suicidas, ao contrário dos masoquistas, não se oferecem para o linchamento com o objetivo de atrair o amor alheio. Eles são vítimas – mas apenas de si mesmos. Os suicidas não buscam a compaixão dos demais. Eles se relacionam com o autoflagelo como aqueles dependentes químicos que antes da falência geral sentem orgulho do vício e têm uma falsa ilusão de controle sobre si mesmos. E assim só fazem se isolar cada vez mais em sua espiral descendente.

Os suicidas justificam seu comportamento, para os outros e para si mesmos, dizendo que os projetos são difíceis, que a agenda está um horror, que o cliente demanda muito, que o chefe é um carrasco, que os colaboradores de que dispõem são uns idiotas, que o computador não funciona, que as condições são precárias. Meias verdades que escondem o principal: o problema fundamental está dentro deles. Na relação deles com o trabalho. E na relação deles consigo mesmos.

Crie as condições ideais de trabalho e ainda assim os suicidas darão um jeito de sacar um alfinete escondido no bolso para se espetar nas horas vagas. São profissionais que costumam jogar tudo no curtíssimo prazo. Queimam todo o óleo no primeiro quilômetro. Não se planejam para durar – porque no fundo não querem durar.

Depois desses exercícios atrozes de energia mal empregada, dessas loucas cavalgadas, os suicidas corporativos perdem totalmente a energia e o interesse. Normalmente se deprimem. Aí, ou permanecem no emprego, como cínicos que já não acreditam em nada nem obtêm qualquer prazer com o que fazem (*voilà*, suicídio consumado), ou trocam de emprego, às vezes dentro da mesma empresa, e começam tudo de novo. Para renascer na próxima vida tão suicidas quanto na encarnação anterior.

Sim, é possível ajudá-los. Mas só se eles quiserem se ajudar. O que, infelizmente, é raro.

A DIFERENÇA ENTRE CONTROLAR E CENTRALIZAR

Estar no controle não significa centralizar.

Controlar é uma necessidade. É o que os americanos chamam de estar *on top of the things*. Significa ter pleno domínio do que está acontecendo, saber do que você está falando, dominar bem aquilo que está sob sua responsabilidade.

Se você é cobrado por resultados e processos, tem que cobrar resultados e processos de quem trabalha com você. Quando você é questionado, tem que ter as respostas precisas – que têm que ter chegado até você bem apuradas, antes. Para entregar um prato caprichado, você precisa receber os ingredientes bem preparados no começo do processo. Ou você será o elo fraco da corrente. Exercer o controle não é um privilégio do gestor – é uma obrigação.

Já centralizar não é uma necessidade. Ao contrário: trata-se da forma menos sofisticada de exercer o controle.

Centralizar significa fazer você mesmo. Por falta de confiança nos outros e na sua própria capacidade de liderar, você acaba realizando o trabalho que deveria ser dos demais.

Ao controlador, basta estar no controle. Ele permite aos demais atuar. Ele conta com isso. Ele só precisa ter clareza do que está acontecendo. Já o centralizador não abre mão de atuar diretamente nas cenas. Precisa tomar pessoalmente todas as decisões e ver seu carimbo particular estampado em tudo que passar pela sua área. A vida do centralizador é um inferno. Como é a de quem trabalha com ele. Centralizar é operar o controle de forma tosca, impondo a sua subjetividade ao redor com a única válida, matando a criatividade dos colaboradores, eliminando as contribuições do time.

O controlador pode se tornar um líder. Ele tem condições de se versar na arte da gestão – que é basicamente gerar resultados por meio do trabalho dos outros. Já o centralizador nunca vai liderar. Esses profissionais, por mais que sejam promovidos, nunca deixarão a operação. Por seu apego a atuar no plano tático, jamais irão se desenvolver no plano estratégico. Não crescerão. Nem permitirão que as pessoas ao redor cresçam.

Conduzir, inspirar, motivar, deixar o talento florescer à volta. Essa é a marca dos grandes executivos. Coisa que os controladores podem até chegar a ser. E que os centralizadores jamais serão.

Tem o realizador. E tem o tarefeiro.

Esses dois perfis profissionais são fazedores, são pau pra toda obra, ninguém pode acusá-los de não entregar aquilo que é demandado deles.

No entanto, os modos como lidam com o trabalho não poderiam ser mais diferentes.

O realizador se pauta pela obra que está construindo em sua carreira. É um profissional proativo, que gosta de fazer. É isso que o move. A satisfação com o trabalho vem para ele de imprimir uma marca, de deixar um legado. Trata-se de um arquiteto da própria carreira.

O tarefeiro se pauta pelos pedidos que recebe, é um profissional reativo. Quer entregar logo o que lhe foi demandado, para se desincumbir. Não está interessado em construir um centímetro além daquilo que lhe foi solicitado. Trata-se de um mestre de obras obediente, especialista na construção da carreira… dos seus chefes.

O realizador aluga seu talento, sua capacidade criativa, sua visão estratégica. O tarefeiro vende sua força de trabalho braçal. Alguns o chamam de "pé de boi". Outros dizem dele: "é um trator para o trabalho". É para ser um elogio. Mas nunca soa elogioso.

O realizador é curioso, tem sede de crescimento. Quando estuda, o faz, antes que tudo, para seu próprio benefício e engrandecimento. Deseja aprender para poder fazer mais e melhor. Sabe que o maior beneficiário disso é ele mesmo.

O tarefeiro é acomodado intelectualmente. Em vez de curiosidade, cultiva o juízo. Está sempre disposto a meter a mão na massa – mas não gosta de pensar nem de ter que tomar decisões. O tarefeiro sempre estudou para os outros – fossem seus pais ou seus professores. Nunca estudou para si, pelo prazer de aprender coisas novas. Estudava para tirar notas e passar. E só.

O realizador quer mudar o mundo. O tarefeiro só quer ser bem-visto por todos. O realizador se entrega, mergulha de cabeça. É um apaixonado. O tarefeiro molha o pé primeiro, vai entrando na água aos pouquinhos, fazendo contas, projetando consequências. Seu olho não brilha, sua capacidade de se entusiasmar - e de entusiasmar - é baixa.

O realizador adora novos projetos. Seu combustível é a criação. Fazer coisas novas. Experimentar, alargar a fronteira do conhecido, do que já foi testado. O tarefeiro abomina o risco. Prefere a rotina e a zona de conforto. Seu itinerário pela carreira prevê ficar escondido atrás da hierarquia, amparado pela estrutura. Sua capacidade de trabalho, em termos quantitativos, é grande. Ele trabalha muito. Qualitativamente, no entanto, prefere ficar no seu canto, sem precisar chamar a atenção.

Quando olha para trás, o realizador adora repassar as mudanças positivas que imprimiu a tudo com que cruzou pelo caminho. Isso faz tudo valer a pena. Quando olha para trás, o tarefeiro checa se não deixou nada fora do lugar. Então desliga a luz e vai para casa assistir à novela.

O EXECUTIVO DEPUTADO E O EXECUTIVO FAZEDOR

Nas corporações, ou você sobrevive pelas relações, pela política, ou você sobrevive pelo trabalho, pelo talento. Não há outra moeda de troca. Ou você é bem conectado e está blindado porque alguém lá em cima *gosta* de você, ou você gera resultado e está blindado porque a saúde do negócio *depende* de você.

Esses são os dois grandes estilos que brigam todo dia pelo poder nas empresas. Ou não é assim que as coisas funcionam no lugar onde você trabalha? Há quem tenha as costas quentes e esteja sempre bem conchavado para cima e para os lados. E há quem aposte na competência – para não precisar fazer média com ninguém.

É preciso entender bem qual é a moeda oficial na empresa onde você trabalha. Apenas considere que mesmo em ambientes extremamente políticos a incompetência técnica uma hora pode fazer descer uma espada sobre o pescoço do executivo deputado. E que mesmo em ambientes focados em resultados a falta de inteligência emocional e de tato nas relações pode resultar num punhal enfiado nas costas do executivo fazedor.

Claro que nas empresas que priorizam o relacionamento o resultado também é importante. Assim como nas empresas que priorizam o desempenho a habilidade para costurar consensos também é bem-vinda. Mas o que as separa de modo cabal é o estilo que essas diferentes moedas imprimem à cultura das empresas, ao tipo de gente que elas atraem, formam e retêm.

Nas culturas de relacionamento, você precisa ser gostado por todo mundo, precisa ser cordato quando talvez preferisse discordar, e obedecer quando talvez preferisse questionar. Será preciso aprender a ser político – fazer alianças, conchavar, nunca dizer o que está pensando de verdade.

Em empresas que operam por essa lógica, as árvores estão cheias de jabutis. Como você sabe, jabutis não sobem em árvores. Alguém os colocou lá. Então não fique intrigado, ou indignado, com o fato de um quelônio estar posicionado num galho tão alto, num lugar tão fora das suas possibilidades naturais. É para ele ficar lá. Encare como um fato da vida.

Nas culturas de resultado, você precisa inovar, fazer acontecer, bater a meta. Precisa expressar as suas divergências para que elas não fiquem fermentando embaixo do tapete nem atrapalhem a sua performance ou a do time – o que acaba sendo ruim para todo mundo.

Carlos Brito, presidente da AB InBev, uma multinacional brasileira, costuma bater na seguinte tecla com todos os seus colaboradores: "Não cultive dor de estômago. Não leve nada ruim para casa. Resolva tudo aqui." Significa explicitar as discordâncias e resolvê-las abertamente, para que não virem bílis represada.

Em culturas de relacionamento, conversas laterais, amarrações silenciosas e pactos secretos são mostras de habilidade executiva na gestão das pessoas e dos negócios. Em culturas de resultado, ao contrário, esse tipo de coisa pega mal. O caminho é outro: ser transparente e exigir transparência, disseminar e consumir informação abertamente, gerar resultados, ganhar dinheiro e ser feliz.

E aí, onde você quer trabalhar?

Os campeões de sobrevivência corporativa

Conheci um cara que era mestre nisso – eternizar-se na empresa.

Se você imagina que a receita dele incluía construir uma obra inatacável dentro da companhia, errou. Se você imagina que a sua maneira de se perpetuar era carpir o próprio talento e melhorar os negócios sob sua responsabilidade, errou também. Assim como estará errado quem imaginar que a fórmula de sucesso desse expoente na arte da sobrevivência corporativa passava por descobrir gente, formar gente, inspirar gente. Ou por se tornar necessário e insubstituível à custa de suas competências. Esse sujeito passava ao largo de tudo isso. E ele é uma lição ambulante de como as coisas funcionam na maioria das empresas.

A regra básica do seu panteão era não ter espinha dorsal. Adequar-se à situação. Ser flexível como geleca. Ornar bem com o ambiente. Abrir mão do próprio conteúdo sempre que preciso, sem dor. Não ter grandes convicções – ou estar pronto para revê-las rapidamente, sempre que isso for a coisa mais sensata a fazer. Guardar as próprias ideias para si mesmo. E só confrontar adversários indefesos. (Aí o momento de se esbaldar, de regurgitar sobre o oponente fragilizado tudo que você engoliu de superiores e pares mais sólidos.)

Empresas adoram esse tipo de gente. Os homens e as mulheres que só dizem sim. As corporações buscam mantenedores. Gente capaz de reproduzir. As empresas têm asco de quem cria, de quem pergunta *por quê*. Gente assim é incômoda. O funcionário ideal cumpre ordens. Chefes gostam de funcionários que eles sempre sabem onde estão – porque não saem do lugar. O gerente que nunca vai virar um diretor é, para a maioria dos diretores, o gerente ideal.

Esse cara que eu conheci, ícone da eternização numa empresa, executivo dono de uma carreira tão bem-sucedida quanto miserável, compreendeu melhor do que ninguém o funcionamento desse mecanismo, da arte de se tornar invertebrado, que ele executa no seu dia a dia com especial competência.

Trata-se de fazer sempre a conta de chegada, não a conta certa. De pensar sempre no que é conveniente, não no que é correto. De dizer sempre o que seu superior quer ouvir, não o que você está pensando de verdade. De decidir sempre pensando no que é mais seguro para si mesmo, não no que é melhor para a empresa.

Às vezes penso que desejar àquele sujeito vida longa nessa toada equivale a lhe rogar uma praga. E que votos de demissão sumária são a coisa mais bacana que um bom amigo poderia lhe oferecer.

A IGNÓBIL ARTE DE OBEDECER CEGAMENTE

O problema, para os campeões de sobrevivência corporativa, é que de tanto reproduzirem a opinião dos chefes se esquecem de formar sua própria opinião. De tanto abrirem mão de manter a coluna vertebral ereta terminam rastejando pelos escaninhos corporativos.

O seu erro é imaginar que, entregando a própria consciência numa bandeja, serão içados escada acima. Não que isso não aconteça. Mas gente melíflua tem teto baixo. No dia a dia, o chefe adora a adulação. A rotina dele fica mais fácil com um cara que concorda com tudo agarrado ao seu _ _ _ _. Na hora de promover alguém para uma posição em que seja preciso resolver problemas importantes, em que seja preciso entrar em campo e jogar de verdade, esse chefe tenderá a escolher outro profissional – mais sólido, que tenha capacidade para tomar decisões difíceis com firmeza e agilidade.

Na hora do vamos ver, os profissionais que só dizem sim correm um risco enorme de ter como prêmio pela sua dedicação servil ficarem exatamente no mesmo lugar fazendo a mesma coisa.

Bem, há ambientes em que o sujeito é realmente promovido por sua capacidade de obedecer. Ele é alçado a postos superiores exatamente por seu talento de manter as coisas em seus devidos lugares e de reproduzir o pensamento-corrente, de usar panos quentes, de costurar por trás, de puxar tapetes – por iniciativa própria ou a mando de alguém.

São ambientes onde o cara sobe não por suas virtudes – mas exatamente pelo que tem de pior.

LEALDADE AO CHEFE, FIDELIDADE A SI MESMO

Conta para mim: quantas vezes você já foi repreendido por fazer exatamente aquilo que seu chefe pediu?

Um amigo me contou há um tempo que trabalhava com um chefe que funcionava assim: pedia com veemência, ouvia pouco, era sempre categórico na solicitação e na tese que a sustentava. Na semana seguinte, reclamava com a mesma firmeza e o mesmo sangue no olho porque a turma tinha feito exatamente o que ele havia pedido. Como se aquilo não fosse razoável nem tivesse sido um pedido seu.

Isso já aconteceu comigo algumas vezes. Sou capaz de apostar que já aconteceu com você também. Então é preciso aprender que a convicção do chefe sempre pode mudar. Às vezes para uma posição antagônica à anterior. É preciso sacar também que memória de chefe é geralmente curta e seletiva. De minha parte, aprendi a não embarcar 100% nas viagens do líder. É preciso comprar o projeto em curso, claro, e se engajar. Mas sem perder a perspectiva. Sempre compreendendo que você não é o chefe. Que a sua lealdade a ele não deve representar um achatamento de si mesmo.

Inclusive para que você não seja mais realista que o rei – aquele correligionário que entra na louca cavalgada do chefe tão obstinadamente que não percebe quando o chefe sai de lado, deixando-o sozinho no tropel em direção ao nada. Nem todo chefe devolve na mesma moeda a lealdade que recebe de seus mais fiéis apoiadores.

Nem é preciso ter chefe para viver esse dilema. No mundo do empreendimento dá para adaptar a pergunta com que abri este texto da seguinte forma: quantas vezes você já perdeu um cliente por fazer exatamente aquilo que ele encomendou?

Assim se comportam os vencedores

Como você trata a informação?

Não estou perguntando como a informação é tratada na organização onde você trabalha. O que estou perguntando agora é: como *você* a trata?

Faço essa pergunta porque isso define um bocado de coisas sobre você. Se você é um fazedor, que joga aberto, que se expõe, que magnetiza pela franqueza, provavelmente, sinto dizer, não vai muito longe na carreira corporativa. Ou se você é um operador, um cara que esconde o jogo, tergiversa, blefa, tem sangue-frio. E que, por tudo isso, terá uma linda ascendência na escada hierárquica de qualquer grande empresa. (Parabéns.)

Para esse perfil de profissional, a informação é uma ferramenta de poder, uma vantagem competitiva particular. A informação, para ele, está longe de ser uma propriedade da empresa, um bem comum, um insumo de trabalho com a missão de gerar frutos para a organização. Esse profissional se apodera da informação – privatiza um bem que deveria ser de todos.

A informação acaba sendo disputada, represada, centralizada. E, depois, desovada em partículas que não permitem aos demais enxergarem o todo. O jogo é justamente não deixar o cenário visível para os outros. O inferno, para os operadores, é a livre circulação de informação, em que todos sabem o que todos estão fazendo. Para eles, quanto menos luz, melhor. Quanto mais concentrada estiver a luminosidade, mais brilhantes parecerão aqueles que a detêm.

Acho que temos cada vez mais gente jogando esse jogo nas empresas. O que equivale dizer que nossos escritórios estão pautados cada vez menos pela cooperação. Tanto na relação dos profissionais, entre si, quanto na divisão do ambiente de trabalho em silos (ou feudos) que se blindam uns em relação aos outros e que competem abertamente pelos recursos da companhia. Claro que, quando os profissionais e os departamentos funcionam assim, isso define uma cara para a empresa. Que nem sempre é bonita.

Os níveis de confiança mútua caem. Ninguém tira as costas da parede. Ninguém diz a verdade ou expressa o que pensa. Todo mundo se dedica a fazer a conta de trás para a frente e a dizer apenas o que soa bem.

No âmbito dessas empresas, há uma disputa renhida de interesses. Uma lei da selva em eterno desenvolvimento – que nos brinda, dia sim dia não, com histórias escabrosas de frituras, cotoveladas, puxadas de tapete, humilhações públicas, tiros na nuca, punhaladas pelas costas e outros que tais. Em lugares assim, como não poderia deixar de ser, o clima é de medo. E de total descrédito em relação às intenções alheias.

Há quem goste de jogar esse jogo. E se dê muito bem nele. Como se essa, na verdade, fosse a verdadeira graça (e talvez a única fonte de satisfação) de trabalhar numa grande empresa.

Sobretudo, saiba que é assim que se comportam os vencedores. Que, ao atingirem a alta gerência, premiados por tudo que fizeram, tratarão de reproduzir e eternizar abaixo de si o modelo de comportamento que lhes trouxe até ali.

Você é um sabonete corporativo?

Não sei quanto a você, mas um dos comportamentos que mais me exasperam é a tergiversação.

Gosto da objetividade, da verdade nua e crua, de ir ao cerne das questões. Sempre gostei de falar – e de ouvir – abertamente. O debate direto raras vezes me tirou do sério. O pior para mim sempre foi aquilo que se silencia, ou que se diz pelas costas, a meia voz.

À medida que o tempo vai passando e que, portanto, vai se tornando um artigo cada vez mais valioso em meu dia a dia, o gosto pela objetividade e o desgosto pela hesitação inútil vão se tornando uma questão de princípios.

Claro que há situações em que é bom dormir com o problema. Você tende a acordar com uma solução melhor no dia seguinte. Claro que há momentos em que é melhor silenciar – não estamos aí para comprar toda briga para a qual somos chamados. Claro que há pontos que exigem doses mais longas de ponderação e de cautela. E claro que minha determinação de analisar rápido e de agir na hora, sem marinar muito as decisões, já me fez atuar de maneira precipitada em alguns momentos.

Na soma geral, no entanto, posso dizer que, em 90% dos casos, a agilidade na hora da decisão me deu grande vantagem competitiva. O que compensou os eventuais arrependimentos por fazer escolhas de modo expedito.

Há um valor extraordinário em ser direto, em ser claro, em ir direto ao ponto. Gosto de gente assim. (Talvez por isso eu tente ser assim também.) Gente que não se esconde nas situações nem se encosta nos outros. Gente que você olha e sabe com quem está falando. Sempre gostei de quem assume, de modo transparente, suas posições.

O tergiversador, ao contrário, é o cara que acha que se deixar o problema mergulhado em banho-maria ele vai se resolver por si só. Ou vai diminuir de tamanho. Não vai. No mais das vezes, a questão vai inchar. O retardo das providências, em geral, só piora o quadro. O tergiversador é o cara que acha que se não encarar a coisa, se não chamá-la pelo nome certo, a coisa vai desaparecer ou ir embora. Não vai.

O tergiversador é aquele cara irritantemente liso – um sabonete. Que não assume posição por princípio – mesmo quando tem uma posição claramente construída dentro de si. Que não quer correr os riscos de escolher um lado, de se colocar, de externar uma opinião. O único princípio inegociável para ele é não ter princípios inegociáveis.

O tergiversador, enfim, é o cara que não quer resolver o problema – ele quer resolver o problema *dele*, se colocando sempre numa posição segura. Então ele não se amarra com opinião alguma. Ele espera para ver de que lado o vento vai soprar – e aí se posiciona a favor do vento.

Trata-se de um oportunista. Que vota sempre por conveniência, fazendo cálculos, de olho na posição hegemônica no momento – jamais por convicção. O tergiversador tem pavor da responsabilidade. E horror ao compromisso.

Por tudo isso, tergiversar é mais do que um péssimo hábito corporativo, que custa um bocado às empresas. Tergiversar é, antes que tudo, um problema de caráter.

GENTE COM SONO DÁ UMA PREGUIÇA...

Tenho encontrado alguns sonâmbulos espalhados pelo mercado. E olha que atuo em um ambiente onde, em tese, o ritmo é frenético e os projetos são sempre para ontem, onde todo mundo é uma antena criativa e ninguém tem tempo a perder.

Vivemos tempos velozes. A revolução tecnológica acelera os ritmos. Um mês de desatualização hoje equivale a um ano de desatualização na década de 1990. A três anos de desatualização na década de 1980. A cinco anos de atraso na década de 1970. E assim por diante.

Vivemos tempos em que precisamos estar de olhos bem abertos, com a atenção e a sensibilidade ligadas no máximo, como estratégia de sobrevivência. As pessoas deveriam estar atentas às oportunidades e aos despenhadeiros. A última coisa que deveriam fazer é dormir. Além de tudo, o ambiente é competitivo, o caminho está cheio de cascas de banana colocadas ali insidiosamente para que os menos aptos se esborrachem. Então qualquer poltrona que induza ao sono não é uma boa opção profissional nesse momento. É notável que tanta gente esteja ressonando à frente de suas funções, debaixo de tanta trepidação.

Não faz muito tempo, cheguei para uma reunião e percebi que subia comigo no elevador a pessoa que eu estava vindo visitar. Ainda não nos conhecíamos pessoalmente, mas eu fizera minha lição de casa e sabia quem era ela. Era o primeiro compromisso da manhã e ela comentava com um colega que achava que tinha uma reunião marcada para aquele horário, mas não tinha certeza, nem sabia com quem era ou do que se tratava. Suspirava todo o seu enfado com aquele compromisso e com o dia à sua frente, e talvez com a própria vida que levava.

Quando chegamos ao andar, fiquei um pouco para trás, incógnito, para poupá-la, e a mim também, do constrangimento de me revelar ali como o sujeito de quem ela desdenhava e esquecera. Fiz uma reunião sucinta, caprichando na simpatia e no ânimo, apostando que assim talvez pudesse ligar a moça na tomada. Ela manteve as pálpebras a meio pau. Não mexeu um músculo em sua expressão facial neutra. Nem emitiu mais do que uns muxoxos. Levou aquela faina até o fim de modo anestesiado.

Para mim, confesso, esse é o pior tipo de interlocutor. A rejeição é uma forma de energia que você pode tentar reverter.

Mas a ausência de energia, de reação, de temperatura, é a certeza de que a terra ali está seca e de que não há semente que seja capaz de vingar.

Como trabalhar com gente que detesta trabalhar

As empresas são uma fonte inesgotável de tipos humanos de grande e de pequena envergadura. No ambiente de trabalho, exacerbamos quem somos – e quanto mais buscamos nos esconder, mais nos mostramos. Viramos personagens de nós mesmos. É assim que contribuímos para a exuberância da fauna corporativa.

Eu adoro a tribo dos preguiçosos. Eles não são necessariamente desonestos – mas estão dispostos a enganar se isso lhes poupar trabalho. Eles não são perversos – não obtêm prazer causando o mal alheio – mas não hesitarão em prejudicar os outros se isso lhes economizar esforço. Seu mantra é gastar a menor energia possível. Se puderem garantir o seu sem sair do lugar, tanto melhor. Sua bandeira é a lassidão.

Diante de chefes, patrões e clientes, assumem uma postura sempre no limite do aceitável. (Nem sempre conseguem manter esse equilíbrio. Com frequência, escorregam e expõem toda sua leniência. Acabam dando pistas de como operam. Muitos superiores preferem não enxergar. Mais tarde sofrerão as consequências disso.) Assim que quem manda vira as costas, os preguiçosos se esbaldam.

Eles fazem de tudo para não trabalhar. Fogem de prazos. Evitam compromissos. Têm alergia a combinações. Negligenciam tarefas e postergam entregas o mais que podem. Seu objetivo na vida e na carreira é não ter amarra nenhuma, com ninguém. E não precisar produzir nada, em momento algum.

O foco dos preguiçosos é se esquivar, não estar nunca na posição de serem chamados a contribuir. É nesse jogo que investem a sua energia – muitas vezes mais energia do que gastariam se simplesmente se dedicassem a produzir algo. Eles jamais, em hipótese alguma, puxam algum problema para a sua conta. Não ombreiam, não são solidários, não estão disponíveis. Seu regozijo pessoal é rebater pedidos, repassar demandas, espanar para os lados e para baixo o que lhes chegou de cima. Seu barato não é gerar resultados – mas pegar carona nos esforços alheios, imiscuir-se na manada e andar no vácuo de quem vai à frente.

Com essa postura, vão sobrevivendo. Claro que se escudar nos outros, se esconder no banheiro nos momentos de maior demanda, tem um preço. Uma hora as pessoas percebem. Se sentem usadas. E detestam isso. Outro problema, tão grande quanto esse, é que os preguiçosos não constroem nada de concreto agindo assim. Ao se esquivar, perdem oportunidades, desperdiçam seu talento, não se desenvolvem.

Esses são os riscos para quem vive de se ausentar, de não entregar e de não *se* entregar. Angariam a antipatia dos colegas

– o que vai lhes custar caro, mais cedo ou mais tarde. E não aportam nenhum valor às suas carreiras. Sufocaram o próprio talento em inação. Num caso de frigidez profissional autoimposta.

A aposta da tribo dos preguiçosos é que no longo prazo estaremos todos mortos – então por que investir num futuro que não existirá, tendo você dado o sangue ou não, tendo você sido solidário ou egoísta? Infelizmente, para eles, muitas vezes o futuro vem para nós enquanto ainda estamos vivos, a tempo de pagarmos todos os centavos por tudo o que fizemos ou deixamos de fazer.

Lembro-me bem da última reunião que tive com uma representante da estirpe dos preguiçosos. Uma menina, em início de carreira. Lindo ver como desviava dos itens da pauta que estavam em aberto. Ela não seria imputável por nada daquilo que estava sendo discutido na reunião. E com que energia ela saía da aparente apatia para espernear quando algum daqueles itens aparentava se encaminhar para pouso em seu colo! Acho que não consegui esconder um sorriso de tépida admiração e de serena desistência diante do seu desempenho. Para isso ela não tinha preguiça.

Os Orcs e os Elfos corporativos

O mundo corporativo tem um só Norte: a grana.

No entanto, acredita-se que os executivos que têm relação direta com dinheiro – seja em vendas ou em finanças – desenvolvem uma certa frieza no olhar. Como os tubarões.

Como se uma insensibilidade recobrisse o sujeito, roubando dele um pouco da sua humanidade. Como os psicopatas.

Como se um pragmatismo árido lhe tomasse a alma, tornando-o alguém que não acredita em nada que não venha estampado com um cifrão. Como um Tio Patinhas condenado a não sair nunca mais da sua caixa-forte.

Os vendedores têm que se defender emocionalmente das metas, não devem crer totalmente nos objetivos traçados nem introjetar as cobranças de modo puro. Por uma questão de sobrevivência. Mesmo com esse amortecedor bem calibrado, a vida de quem vende tem doses de ansiedade muito grandes. Não é fácil digladiar todo dia com a pressão pelos resultados. O vendedor que se desabala de modo ingênuo sobre a cenoura colocada à sua frente vira um sujeito de olho esbugalhado, que bufa, sua, hiperventila – e não raro procura auxílio no álcool ou nas pílulas da felicidade.

Os financistas são os guardiões do cofre. Os antipáticos profissionais que têm a missão de cobrar resultados dos outros. De dizer não. De impor cortes de custos que quase sempre implicam a degola de pessoas. De não se impressionar com projetos – e impor sempre o choque de realidade ao sonho. De serem pés fincados no chão que nunca porão a cabeça nas nuvens.

Dos vendedores, as pessoas têm dó, quando sofrem – ou inveja, quando recebem os bônus mais polpudos da companhia. Dos controllers, as pessoas têm raiva. Ambos formam uma estirpe maldita – são os Orcs da vida corporativa. Ninguém articula isso em voz alta, mas, na média, as pessoas não gostam de estar com eles. Não os convidam para almoçar. Não têm orgulho de serem vistas ao lado deles. Não fazem questão de ouvir as suas opiniões sobre um filme, um livro ou um restaurante – eles são tidos como gente rasa e desinteressante. São excluídos da patota. Atuar no departamento comercial ou financeiro, na maioria das empresas, é pertencer a uma casta discriminada.

Por isso esses executivos andam sempre juntos. Para se protegerem e se apoiarem. Esse preconceito ocorre de maneira velada. Inclusive porque eles são necessários às empresas. Seu papel é reconhecido – apenas não é valorizado. Como o menino que é dono da bola e é convidado a jogar porque você precisa dele, não porque você gosta da sua companhia. Ou como os Burakumin, a casta mais baixa na hierarquia social japonesa, formada por gente que trabalha em funções consideradas "impuras" – açougueiros, limpadores de rua, coveiros. O salário até é bom, porque você faz o que quase ninguém mais quer fazer. Mas o status é baixo.

Talvez essa discriminação tenha um pouco de desforra. Vendedores podem ganhar mais do que todo mundo, apesar de não serem os mais bem formados. Controllers nos aplicam torniquetes e nos impõem disciplina, como se fossem bedéis, e nós, um bando de colegiais. Por isso jamais lhes daremos o nosso aval social.

Na outra ponta do universo corporativo estão os Elfos – que operam mais no desenvolvimento do que nas vendas, que têm a obrigação de criar e não de faturar, que operam, por assim dizer, mais na alma da empresa do que na sua compleição muscular. Esses não precisam se envolver diretamente com dinheiro. Suas metas são outras, consideradas mais nobres. Esses são os artistas, os belos, os santos.

Os Elfos atuam próximos do produto e da inovação. Costumam ser admirados. São tidos no lugar onde trabalham como aqueles que fazem a mágica acontecer, os responsáveis pela inspiração dentro da companhia.

Os Elfos não vivem a angústia diária de fechar negócios, de converter clientes, de ouvir um não depois de outro não depois de outro não. Quando uma venda não acontece, eles são vistos como injustiçados – não como culpados. Já quando um produto ou serviço não para de vender, eles são celebrados como os gênios que os criaram.

A vida é dura para todo mundo. Mas para uns, os Orcs, a dureza é mais cascuda do que para outros, os Elfos.

O VENDEDOR QUE SÓ SABE VENDER MORREU ONTEM

No mundo dos negócios, a ponta comercial é um lugar esquisito.

Acabamos de falar sobre o estigma dos vendedores. De um lado, a maioria de nós foge da situação de ter que vender. De outro lado, a área comercial é generosa em abrigar gente que tentou várias outras coisas na vida e não foi muito adiante ou que simplesmente não definiu um talento para chamar de seu e decidiu se dedicar a vender o que outros, com competências mais específicas, produzem.

De um lado, a venda é uma função diária, fundamental a tudo que fazemos. Você está sempre vendendo alguma coisa – uma ideia, uma opinião. Você está sempre vendendo a si mesmo. De outro lado, a venda gera desgaste, demanda esforço, é muitas vezes uma atividade estressante.

Há muito tempo eu abraço a área de negócios com resignação – e, aqui e ali, talvez até com alguma satisfação. Não é do que mais gosto de fazer. Como a maioria das pessoas, eu gostaria de tocar a vida como o artista que foca 100% no palco e deixa que outros se preocupem com a bilheteria. Mas já me convenci, com alguma tristeza, que esse caminho puro não existe – ao menos para mim.

Aceitei também o fato de que eu, afinal, sei vender. Então a venda virou, com o tempo, uma espécie de diferencial competitivo que trago comigo. Tenho tentado parar de brigar com essa competência. Tenho tentado relaxar e usá-la a meu favor. Sem deixar também que isso signifique um cala-boca àquele artista – que eu faço questão de tentar manter vivo dentro de mim.

Com o tempo, aprendi que há dois perfis absolutamente distintos na área comercial. Existe o chamado "business developer", ou "BD", o sujeito que desenvolve negócios. E existe o vendedor. Essa tipificação me fez aceitar melhor o papel de vendas em minha carreira. Não curto o papel de vendedor. Mas topo ser um BD.

A diferença entre esses dois profissionais é brutal. O BD entende tudo do produto. Pensa o processo inteiro. Enxerga a empresa, o cenário competitivo, reflete sobre a estratégia. O vendedor não tem essa visão. Só sabe vender. É canhestro no que se refere à concepção e à gestão do produto que está vendendo. E de modo geral tem limitações na hora de compreender uma demanda nova no cliente e adaptar o que tem na prateleira da empresa para melhor atendê-lo.

Enquanto o BD é um gerente de produto supervitaminado, um homem de marketing que vem de fábrica com uma capacidade de vendas poderosa, o vendedor é um tirador de pedidos. Que vai bem quando tudo vai bem. Mas que contribui pouco quando precisa dirigir sem o piloto automático de um produto vitorioso, de uma marca forte ou de uma empresa em expansão.

O BD entende do que vende, *acredita* no que vende, convence pelo entusiasmo, pela credibilidade e pela segurança que passa ao interlocutor. O vendedor, bem, esse precisa se reciclar urgentemente. Ou não sobreviverá.

Eu acredito em Jedis

Assisti a um executivo, diante do board da empresa para a qual trabalhava, ao ser convidado para assumir uma nova posição, dizer que estava muito entusiasmado com o desafio e agradecia a confiança dispensada a ele, mas não acreditava em salvadores da pátria. Ele pedia que os patrões e chefes segurassem um pouco a ansiedade e calibrassem as expectativas. Os resultados viriam, mas viriam aos poucos, com crescimento orgânico, e não num salto quântico gerado como que por milagre.

Eu pensei: ele está sendo inteligente ao manobrar para que a lua de mel não acabe amanhã de manhã e para que a cobrança não vá lá para cima, em voo vertical de rojão. (Rojões costumam estourar.) E está sendo maduro ao não alimentar fantasias equivocadas em relação ao que podia entregar – nem quanto ao prazo em que podia entregar.

Mas, sobretudo, me dei conta ali de que eu acredito em heróis.

Tenho essa convicção romântica de que o talento individual faz toda a diferença. De que a coragem e a competência do empreendedor visionário removem montanhas. De que o suor sagrado do empresário decidido a fazer o seu negócio virar faz milagres. De que o denodo, o brilho e o comprometimento do grande executivo transformam água em vinho.

Sempre acreditei na existência de salvadores da pátria no mundo corporativo. No poder individual dos cavaleiros solitários para enxergar o que ninguém mais vê, para implementar o que ninguém mais tem coragem de fazer, para conduzir o exército na direção certa. Isso pode soar messiânico. Mas aí é que está: quando se trata de negócios, eu acredito no poder de realização dos messias.

É isso. Eu creio em Jedis. Alfred Sloan, quando consolidou a GM, lá na década de 1930, inventando grande parte da moderna administração de empresas que seguimos ainda hoje, desbancando a pioneira Ford, foi um Jedi. Andy Grove à frente da Intel, Goizuetta à frente da Coca-Cola, Steve Jobs (mais de uma vez) à frente da Apple. Marcel Telles à frente da Ambev.

Jack Welch à frente da GE. A dupla Walter Clark e Boni à frente da TV Globo. Todos eles foram Jedis.

Claro que ninguém faz nada sozinho. Claro que ninguém é perfeito. Mas caras assim são absolutamente decisivos. Acredito tanto em heróis, admiro-os tanto, que sempre busquei me tornar um deles. Meu projeto secreto de carreira, minha megalomania pessoal, meu compromisso comigo mesmo sempre foi um dia ser também um Jedi.

Cada um faz o seu caminho. E os Jedis não são iguais entre si. A minha cartilha de padawan é mais ou menos a seguinte:

Operar sempre pelo que é correto e justo.
Entregar excelência sempre.
Não trair a confiança depositada em mim.
Deixar tudo, ao sair, melhor do que era quando entrei.
Agir de modo sustentável com os outros, comigo mesmo e com o próprio ambiente que me acolhe.
Entregar somente aquilo que eu gostaria de receber.
Exercitar o respeito, a empatia, a compaixão, a solidariedade.
Mirar na solução e não no problema, perseguir a harmonia e não a desavença.
Preferir a coragem ao medo e o sorriso à cara fechada.
Não fazer nada que eu não possa contar na mesa do jantar abertamente aos meus filhos.

Se nada disso me trouxer superpoderes, ao menos tenho a certeza de que não fará mal algum – nem a mim nem aos outros.

6
CONFLITO NO ESCRITÓRIO

Entre amores e ódios

Tem gente que você conquista sem fazer força. Gente de quem você ganha a admiração e a simpatia quase sem perceber. Gente que entra na sua frequência e fica. Aí é só questão de cultivar, de retribuir, de tratar bem, que vocês serão amigos de infância pelo resto da vida.

E tem gente que você perde de maneira ainda mais definitiva e de modo ainda mais fortuito. Gente que desde o começo, sem motivo algum, desgosta de você. Vocês acabaram de se conhecer, mas o outro se comporta como se houvesse entre vocês um passivo de desentendimentos e rancores.

Não estou sugerindo que não temos influência no modo como somos vistos pelas pessoas. A maior parte das coisas que nos acontecem é de nossa exclusiva responsabilidade. Mas digo, com algum espanto, que a faísca que acontece entre duas pessoas é muitas vezes incontrolável – por ambos os lados.

Seu interlocutor pode sentir um tempero que você jamais jogou na sopa – e isso pode ter muito mais a ver com as papilas gustativas dele do que com a sua capacidade de ser mais doce ou mais amargo. Da mesma forma, as pessoas muitas vezes ouvem o que querem e não o que você disse. Ou seja: tem gente que simplesmente não vai gostar de você. E não há nada que você possa fazer a respeito.

Talvez o único jeito de se posicionar em relação a isso seja fazer o seu melhor sem esperar reciprocidade. Para ficar com a consciência tranquila e não sofrer quando a contrapartida não vem.

A VERDADE É QUE UMAS PESSOAS TÊM CARISMA. E OUTRAS NÃO.

Eis o fato: cada um de nós carrega consigo uma máscara sobre a qual tem pouca ingerência, que fica sempre visível para os outros, mas quase nunca para nós mesmos. Trata-se de um conjunto de características intangíveis, invisíveis a olho nu, que passa por postura, atitude, linguagem corporal, tom de voz, jeito de dizer, de se colocar, de contrapor. Tem a ver com simpatia ou antipatia, com empatia ou alienação, com carisma. Com um verniz pessoal que define a capacidade (ou a incapacidade) de uma pessoa ser querida, ser aceita e influenciar.

Por isso tem tanta gente boa, ótima até, do ponto de vista racional, que sofre horrores em determinado lugar, em determinada cultura. É o sujeito que era um avião numa empresa e foi um fiasco na outra. É o jogador que ganha tudo num time e afunda fragorosamente no outro. O que se costuma dizer nessas situações é que o sujeito não se adaptou. E é provável que isso seja verdade. Mas não se pode menosprezar o papel do carisma – ou da falta dele. E isso tem mais a ver com química, com pele, com charme do que com qualquer explicação concreta.

E é claro que o carisma também opera milagres a favor do sujeito. Não tem uma pá de gente ruim à beça que é absolutamente magnética, desejada, admirada? Pois é.

Dando a cara a tapa

Ainda uma palavra sobre carisma.

Trata-se de uma das forças mais extraordinárias a regular as relações humanas. Você pode ser o melhor, tecnicamente. Você pode cumprir todos os requisitos, em termos objetivos. Se você não tiver dentro de si essa habilidade inata de ser gostado pelos outros, não obterá o devido reconhecimento.

Da mesma forma, quem tem carisma precisará pisar muito na bola para ser desgostado pelas pessoas. A tendência de todos, diante de um fenômeno de simpatia, é se identificar com o sujeito, incensá-lo, defendê-lo, torcer por ele.

Para quem não tem carisma, ao contrário, sempre haverá um descompasso entre o desempenho real e a imagem projetada, entre os resultados que o sujeito produz e o que ele recebe em troca. Sem carisma, o sujeito não gera confiança, não inspira gratidão, não deixa saudade por onde passa. É preciso carisma para formar laços emocionais consistentes – independentemente de o sujeito, racionalmente, ter feito ou não a sua lição de casa.

Para os sem carisma, a face mais cruel da história é a sina de sempre chamar para si o achincalhe. Essas pessoas têm a tendência de serem pegas para cristo. Formam uma estirpe cujo tom de voz, o jeito de olhar, os gestos, o penteado, os trejeitos, as expressões faciais – tudo isso, ou parte disso, funciona aos olhos dos outros como um convite ao linchamento moral, como uma licença para enfiar a faca até o cabo sem sofrer represália ou retaliação significativa dos demais.

Os sem carisma emitem sinais involuntários que são rapidamente decodificados no ambiente pelos predadores. Gente que sente o cheiro de sangue de longe e parte para cima, pelo simples prazer do bullying.

Quem tem carisma tem facilidade para se fazer querido, para ser aceito. Gente com carisma senta sempre nos melhores lugares, frequenta só as melhores turmas — e assim se blinda contra a crueldade alheia.

Quem não tem carisma nasceu para ser *gauche* na vida. E paga caro pela ausência de charme. O carisma é um elã social importantíssimo que não se pode desenvolver. Ou você tem ou você não tem. Se forçar, fica ainda pior.

Se você pertence a esse grupo, o jeito é encarar o paradoxo. Quanto mais injustos e covardes forem com você, que mais conquistas você empilhe sobre a mesa. Só não espere aplauso e tapinha nas costas. Eles não virão para você.

Viva e deixe viver

Eu não sou de briga. Já não fico evitando o confronto, como em outros tempos. Mas não gosto da beligerância. Não é esse o repertório a que recorro para a solução de conflitos.

Gosto de resolver tudo rápido – inclusive as discordâncias. Para que as devidas páginas possam ser viradas e a vida possa seguir adiante. Tenho pressa de realizar. Não gosto de levar os processos em banho-maria, nem de operar longas quedas de braço, nem de ficar dando tempo ao tempo para que tudo se resolva organicamente.

Às vezes isso é boa estratégia. Às vezes, não. Em negociações, por exemplo, quem tem menos pressa tem mais poder. Algumas pessoas se sentem atropeladas por esse ritmo. Aprecio a ideia de deixar o mínimo possível de pendências para resolver noutra encarnação. Inclusive porque não acredito que haja outra vida. Mas nem sempre é possível. Especialmente quando do outro lado tem alguém a fim de brigar.

Quando cruzo com uma pessoa que não me desce de jeito nenhum, minha tendência é a indiferença. Isolá-la, querer distância. Temos muito pouco tempo a perder com quem não vale a pena. E tem muita gente que não vale a pena.

Mas nem todo mundo pensa assim. Há uns anos experimentei a bizarra situação de uma pessoa ter decidido me detestar. Francamente, à minha revelia. Nunca lhe fiz nada que pudesse justificar sua ira. Ela simplesmente declarou guerra a mim.

Uma coisa é você ter uma rixa aberta, um adversário que também o vê como adversário. Outra coisa é alguém o odiar em silêncio. Ou o odiar unilateralmente. Você não tem nada contra a pessoa – e ela tem *tudo* contra você. Aí é guerrilha. É ataque desavisado. Um dos lados nem sabe que está no litígio e o outro está armado até os dentes, com todo tipo de pau farpado e pedra lascada.

Vivi isso como tragicomédia. E aprendi que vale qualquer coisa para odiar: um mal-entendido, uma palavra mal colocada, a ausência de um determinado gesto – ou, às vezes, nada, coisa nenhuma.

O que fazer numa hora dessas, quando alguém se afoga na própria bile e se dedica, de uma hora para outra, a fustigar você? Odiar de volta? Odiar consome muita energia. E o ódio prega as pessoas no chão. Impedir os outros de viver faz com que a gente deixe de viver também. Operar pela infelicidade alheia nos rouba a felicidade também.

No meu caso, classifiquei o caso como perdido, fora da minha capacidade de controle. Dei baixa da pessoa no grande livro das relações que a gente constrói e desconstrói vida afora. Optei por seguir vivendo. E por deixar viver. E acho que optei bem.

Você é bom em distribuir sopapos?

Um amigo, executivo talentoso, me dizia que na empresa em que trabalhava a cultura estimulava o confronto entre funcionários e entre departamentos. Para ver quem se saía melhor na rinha.

Ele me contava das vezes em que teve de levantar a voz, bater na mesa e roncar grosso – para se fazer ouvir e respeitar, para não ser devorado pelos outros. Eu pensava, de um lado: que sentido faz incentivar os profissionais a se baterem dessa forma? E constatava, de outro: eu não tenho jeito para isso.

Lamentava que um profissional sofisticado como ele tivesse que enfrentar esse tipo de situação. E o admirava por ter tido o desprendimento de defender sua posição e seu time com ímpeto, de não levar desaforo para casa. Eu provavelmente não teria todo aquele apetite para o confronto. Constato isso sem orgulho e também sem vergonha. Apenas me admitindo como sou.

Acho irracional gritar numa reunião. Acho uma situação ridícula, inclusive do ponto de vista cênico. Mesmo nos momentos em que contemporizar significa perder um pouco, sempre opto pelo caminho da negociação.

Nunca esmurrei uma mesa nem coloquei o dedo em riste no nariz de alguém. Sei ser incisivo. Mas não me admito perdendo a compostura. Antes disso, prefiro desistir da briga.

Talvez essa seja uma postura blasé. Ou então magnânima – de quem pensa assim: "sou maior do que isso, isso não vai me fazer falta, deixa pra lá." Ou talvez seja tudo só covardia. O medo do confronto que me faz ser sempre o piloto que pisa no freio quando entra na curva acelerando contra outro carro.

Já fui mais agressivo. Cuidava melhor de mim mesmo. Era mais leal aos meus próprios sentimentos. Isso me tornava um cara mais áspero em relação aos outros. Fazia menos esforço para me adaptar aos ambientes: as pessoas que me recebessem em suas vidas do jeito que eu era.

Não sei exatamente quando essa chave virou para mim. O certo é que houve um momento em que decidi ser menos cortante. Talvez isso tenha me tornado mais palatável, mais agradável aos demais. Mas é bem possível também que esse processo de contrição pessoal tenha me roubado o brilho. Em nome de ser aceito pelas pessoas me tornei dócil aos desejos dos outros e insensível às minhas próprias demandas.

Às vezes me pego sem resposta para uma pergunta que todos nós temos a obrigação de saber responder de bate-pronto – o que eu quero? Não meus sócios, meus clientes, meus colegas. Não meus filhos, minha mulher, meus pais. Nem meus patrões, meus chefes, meus colegas ou meus funcionários. Mas *eu*. O que *eu* quero?

Eis o risco de você restringir seu ego: ele ficar pequeno demais. De tanto se parametrizar pelos outros, você se aparta de si mesmo. Quando você se dá conta, está com a vida toda definida pelas circunstâncias, por fatores externos, por expectativas alheias, e não por você mesmo.

O lado bom desse processo que me tornou um cara mais lhano é que deixei de ocupar indevidamente espaços à minha volta. Possivelmente me tornei uma pessoa menos incômoda. Além disso, deixar de falar muito e ouvir pouco para falar pouco e ouvir muito é sempre uma troca sábia. Basta não deixar que isso o enfraqueça ou o torne uma pessoa insegura.

Cuspir ou engolir?

Há quem não leve desaforo para casa. O cara fala tudo que lhe vem à cabeça na hora em que acha que deve. Ele fica com fama de cabeça quente. Pavio curto. Não é uma boa reputação. Mais cedo ou mais tarde, seus espinhos são cortados por alguém. Ou por todos, em conjunto.

Mas há também quem se dê bem com esse comportamento. É que ser irascível muitas vezes funciona como arma: as pessoas sabem que o sujeito é brigão e acabam não dizendo as coisas que imaginam que ele não gostaria de ouvir. Afinal, boa parte das pessoas não gosta de confronto. Essa postura acaba poupando o sujeito de um bocado de contrariedades ao colocar os interlocutores na defensiva.

Sempre considerei que perder o controle é uma admissão de incompetência. Como se a minha capacidade de contornar aquela diferença tivesse se extinguido. Só que manter a serenidade diante de momentos inóspitos tem muito de soberba. Significa não admitir que haja adversário capaz de tirá-lo do sério a ponto de você levantar a voz. Significa nunca jogar a toalha por acreditar que tem condições de resolver tudo. Ou seja: isso tudo, que poderia ser uma virtude, acaba se mostrando um baita vício.

Se explodir por qualquer coisa é um problema, implodir também não é solução. Não somos latas de lixo. Não somos feitos para acumular todo tipo de porcaria e aparentar, com fleuma, que aquilo não nos afeta. Tem horas em que é preciso levantar o tom de voz, sim. Firmar bem a porta e dizer: "Aqui você não entra."

O sujeito que não se altera nunca é vítima de uma histeria interna e silenciosa muito mais doida e prejudicial do que a histeria externa, histriônica e barulhenta, de quem perde as estribeiras toda hora.

O QUE TENHO APRENDIDO COM O BOXE SOBRE O RINGUE CORPORATIVO

Todas as relações são de poder. Pai com filho, mulher com marido, comprador e vendedor. E, claro, no escritório, entre pares, entre chefes e subordinados, entre patrão e empregado. A tensão da vida é essa – nós operamos nossa força sobre os outros, a todo instante, e sofremos a pressão da força dos outros, o tempo todo, num emaranhado sem-fim de cargas e de descargas.

A gente vive medindo nossa potência com os demais. Vamos testando estratégias e ferramentas nessa eterna queda de braço. Daí nascem as coalizões e os conchavos, as patotas, os melhores amigos e os desafetos irreversíveis, os antagonismos ferrenhos e os acordos de paz. Daí nascem também a política e a nossa capacidade de negociar. Bem como a nossa habilidade para a guerra. Por espaço, por atenção, por reconhecimento, por mais grana, por mais influência.

Não sei quanto a você, mas eu não gosto de apanhar. Só que também não gosto de bater. Esse não é o meu esporte. O que diz um bocado a meu respeito e sobre minha habilidade em lidar com minha própria agressividade, em me defender apropriadamente diante de agressores, em me dar o devido respeito em situações hostis.

Nunca me diverti com o confronto físico. Nem com embates mais sibilinos que se dão sem punhos cerrados nem suor na testa – mas com largos sorrisos abertos na cara, na grande hipocrisia que abunda nos escritórios mundo afora.

Comecei a rever essa inabilidade, que eu já dava como uma característica perpétua minha, quando comecei a treinar boxe. Boxe é uma luta – não uma briga. Não é uma forma de agressão – é um esporte com os mesmos princípios da esgrima, que alguns chamam de "nobre arte". Boxe também não é, a rigor, uma técnica de defesa pessoal. Mas a lógica de defesa e ataque de um esporte baseado no contato físico começou a mexer comigo. Para melhor.

Antes do boxe, meu instinto era me encaramujar diante do primeiro jab com que o agressor me presenteava. Eu dava as costas ao oponente – que, óbvio, continuava batendo. O movimento natural para mim, diante de um adversário a fim de briga, era abandonar o centro do ringue. Fugir dele. Quem sabe assim o cara não se dava conta de que não era desse jeito que resolveríamos nossas diferenças?

Eu punha à prova a afirmação de que "quando um não quer, dois não brigam". E ela quase nunca se mostrava verdadeira. Meu instinto de sobrevivência era tíbio. Ele havia atrofiado em algum momento da minha construção como ser humano.

O boxe tem me ensinado um par de coisas sobre isso. Recuar somente quando esse for um movimento estratégico. Não ceder facilmente o terreno conquistado. Liberar a agressividade com menos culpa. Apanhar de olho aberto, encarando o adversário, sem susto nem espanto, batendo de volta sem travas nem afobação.

Ser safo na esquiva, não ter medo da trocação, sair de uma posição desvantajosa com agilidade, não desistir de antemão, não desistir de mim. Tenho aprendido que a integridade do outro é uma preocupação dele e não minha – o que me permite focar na minha própria preservação na hora do confronto. "Ei, tem um cara ali querendo machucar você. Defenda-se – é sua obrigação. Retribua – é seu direito."

Esse é um equipamento que sempre me faltou, que estou tratando de adquirir, e que é utilíssimo na vida corporativa. Antes tarde do que mais tarde.

Você sabe apanhar na cara?

Todo mundo apanha. A vida implica solavancos. Quem nunca tomou porrada é porque já morreu – ou porque ainda não nasceu. Segundo o filósofo Rocky Balboa, a arte não está em não apanhar, mas sim em tomar na cara e seguir adiante sem jogar a toalha.

Ao tomar umas cotoveladas, portanto, não se espante. Não se deixe invadir por um ódio mortal – alguns desses encontrões serão protocolares, sequer terão uma carga dirigida pessoalmente contra você. Nem sinta vergonha – como se você fosse o último dos mortais. Rola com todo mundo. Só não rola com quem é irrelevante.

Se um desses golpes derrubá-lo, levante. Se você for empurrado para um canto do ringue, contra as cordas, saia de lá – de preferência, batendo de volta. Aprenda a se defender. E aprenda a apanhar.

Tem gente que toma a porrada e se abre. Fica vulnerável. Acusa o golpe. Assume todas as culpas, mesmo quando não tem nenhuma. E se põe sempre na posição de responsável – e não de vítima – das situações. É a turma que paga a duplicata mesmo quando ela não está em seu nome. E que o faz porque teme perder a admiração do interlocutor, mercê de uma autoestima baixa.

Esse tipo de gente – no qual me incluo – imagina que está sendo vaiado em silêncio sempre que não é sonoramente ovacionado. Tudo que não chegar como elogio efusivo será sentido como crítica e desaprovação. Gente assim (eu sei bem) precisa desesperadamente do tapinha nas costas, das palavras de incentivo, das piscadelas cúmplices.

Isso é carência pura. O que transforma o sujeito num joguete nas mãos dos manipuladores. E como os há por aí! A vida está coalhada de exímios chantagistas emocionais.

Talentos natos em chupinhar a força alheia. Pessoas que precisamos expulsar das nossas relações.

E há gente que, ao contrário, toma a porrada e se fecha. E se coloca automaticamente em posição de defesa. O menor sinal de agressão externa faz crescer a couraça nessas pessoas. A sua reação instintiva é sempre a de se preservar. Jamais vão se entregar para imolação em praça pública – mesmo quando estão atoladas em dívidas, mesmo quando a culpa é toda delas. É a turma que diz sempre "isso não me diz respeito" e "baixa o seu tom para falar comigo". Não nasceram para mártires. O que é uma postura invejável que eu admiro.

A grande arte de não admitir os próprios erros

Essas pessoas que, quando encurraladas, fecham os olhos e saem batendo de volta nos dão uma lição sobre amor-próprio. O duro é quando perdem a capacidade de admitir os próprios erros e passam a distribuir tabefes para todo lado, indiscriminadamente.

Você conhece esse tipo de pessoa: quanto mais frágil a sua posição, mais arrogante ela fica. Quanto mais burradas ela faz, mais grosso fica o seu tom de voz. É o sujeito que fica agressivo com os outros precisamente porque errou, numa transferência doentia de responsabilidade. Pôs fogo na casa? Jogou a criança no lixo? Matou a mãe? Espane rapidamente para os lados!

Há muita gente assim no mercado – com uma incapacidade atroz de reconhecer uma mancada. (O que significa, entre outras coisas, uma incapacidade – letal – de aprender.) Talvez seja um gene qualquer que fica sussurrando no ouvido do sujeito que ele é um gênio e que todos em volta são seres inferiores. Ou talvez a gênese disso seja um ambiente familiar que sempre colocou todos os problemas do mundo do outro lado da cerca. Quando tudo é culpa dos outros, as questões nunca precisarão ser discutidas internamente, de modo franco, na mesa de jantar. Isso desensina.

Essa turma vive a vida na base do coice. E adora inverter as faltas – o sujeito dá o carrinho por trás e se apressa em partir para cima da vítima da grossura que acabou de cometer. Quanto mais dívidas tem o sujeito, mais ele age como se fosse o credor. Trata-se de gente que jamais formulou um pedido de desculpas na vida.

Conheci um cara assim. Eu era o cliente, e ele, o fornecedor. Quanto mais ele falhava em me prestar o serviço, pior ele me tratava. Quanto mais atrasado ele estava no cronograma, mais truculento ele era no trato com meu time. Dito assim, parece uma relação estapafúrdia. E era. Só que relações estapafúrdias acontecem aos montes. E às vezes se cristalizam.

Eu pertenço à geração mea culpa, que opera pela lógica contrária. No meu mundo, a posição de dívida necessariamente fragiliza o devedor diante do credor. Se meu cliente está menos do que encantado com meus préstimos, não durmo direito.

Se há problemas em minha operação, tenho que solucioná-los imediatamente. Sob pena de perder o cliente e de avinagrar o futuro do negócio com uma má reputação gerada por uma fila de beiços chateados marchando porta afora do meu estabelecimento.

No meu mundo, as pessoas não curtem ficar ouvindo desaforo – ainda mais de quem estão pagando para resolver um problema. Mas há quem opte por retardar a decisão de encerrar uma relação abusiva. Para evitar o confronto. É um erro. No mais das vezes, isso apenas perpetua uma relação de tirania entre abusado e abusador.

ODE AOS NARCISOS INFALÍVEIS

Gosto de prestar a atenção às conversas mais despretensiosas. É aí que as pessoas mostram quem realmente são.

Você já reparou como gente alta tende a considerar a baixa estatura um defeito? E como as pessoas magras com frequência insultam as demais chamando-as, à boca pequena, de "gordas"? O achincalhe, normalmente envolto em tom jocoso, funciona como um autoelogio. Mas trata-se também de covardia – você ataca os outros exatamente naquele ponto em que se considera superior. Em vez de sua pretensa superioridade causar modéstia, ou inspirar compaixão pelos supostamente menos favorecidos, você a esfrega como lâmina no rosto dos outros.

Pessoas assim se colocam na posição de régua para medir os outros. Para elas isso nem chega a ser presunção. É uma coisa natural. Elas se veem de verdade como o padrão-ouro do mundo. Elas estão sempre certas. E os outros, sempre errados.

O curioso é que essas pessoas normalmente não têm nada de excepcional. Ao contrário: são pessoas medianas. Não são gordas nem magras demais. Não são baixinhas, mas também não são altas. São pessoas que, no fundo, não se destacam. E que por isso mesmo são inimigas das diferenças. Odeiam tudo que é único nos demais, tudo que permite a alguém se desviar da média e destoar da geleia geral.

Essas pessoas operam pela ditadura da mediocridade. Perseguem tudo que foge em direção às extremidades da régua, tudo que nos permita assumir as particularidades que fazem cada um de nós ser único em relação aos demais.

Essa postura é também uma defesa. Em seu ideal de normalidade, os narcisos querem que todos sejam iguais. Quanto mais semelhantes à volta, menos eles se sentirão pressionados. Se não precisarem refletir sobre seu próprio funcionamento, jamais chegarão à conclusão de que precisam mudar. Ou de que tem gente vivendo melhor e sendo mais feliz.

É assim, eliminando as alternativas, que os narcisos excluem a possibilidade de estarem equivocados. É assim que banem a dúvida de suas vidas e dormem tranquilos, agarradinhos a si mesmos, estrangulando ao redor de si qualquer possibilidade de questionamento.

A regra dos narcisos infalíveis é simples: quem não for igual a mim é feio e bobo e mau. Quem não me seguir é um imbecil. Ponto final.

APRENDA A DAR UMA BANANA AOS OUTROS

É preciso gostar de si mesmo. Resguardar sua individualidade e não ficar na defensiva diante dos *bulliers* corporativos. Nenhuma relação em que você dependa emocionalmente dos outros vale a pena. Não é saudável. Se sua felicidade depende da aprovação alheia, está errado. Não é bom. Não lhe fará bem.

A autopreservação é um valor maior do que a harmonia na relação com as outras pessoas. Esses laços têm de surgir espontaneamente e não à custa do seu martírio pessoal. Qualquer amizade em que você não possa se expressar abertamente não vale a pena.

De vez em quando, deixe um flanco descoberto. Coloque uma fragilidade à vista de todos. E preste a atenção em como as pessoas que lhe cercam reagem a essa exposição. Quem lhe oferecer proteção e solidariedade é seu amigo. Quem salivar diante da lâmina que você deixou inobservada sobre a mesa é um inimigo. Tire imediatamente esse tipo de gente da sua vida.

Na sua relação com um emprego, vale o mesmo: se você está infeliz, aja. Se você não está contente, mude. Só você pode fazer isso por você. E você *deve* isso a si mesmo. Sua carreira é muito curta para que não seja a melhor possível.

Carta ao meu amigo escanteado

Você está certíssimo em adotar uma postura mais serena e mais pragmática em relação ao seu trabalho. Em desencanar um pouco.

Conheço bem o ambiente em que você labuta. Você demonstrou sua insatisfação, usou seus créditos e sua reputação para amparar suas críticas. Buscou colaborar para que as coisas por ali melhorassem para todo mundo. Não surtiu efeito. E nós dois sabemos que nada vai mudar enquanto aquela cultura estiver instalada por lá. O que vai durar muito tempo. Então você tinha duas opções. Ou rompia com aquilo, para fazer outra coisa em outro lugar, ou revia seu ímpeto e achava um jeito de conviver com aquele ambiente sem que isso afetasse sua saúde.

Nem sempre você consegue trabalhar num lugar que lhe oferece satisfação, um sentimento bom de pertencimento, a chance de trabalhar com quem você admira, com quem você aprende.

Às vezes o entorno não é o melhor. E você não está em posição de picar a mula. Aí é hora de focar na agenda positiva e tocar a vida do modo mais construtivo possível – até que seja possível botar a viola no saco e ir tocar noutro arraial. O fundamental, nesses momentos, é não deixar que a metade vazia do copo obnubile todo o resto.

Isto tudo é verdade no seu caso. Saiba, meu amigo, que seu problema não é um jeito de ser que não combina com o estilo do lugar. Nem uma competência sua que envelheceu. Nem a ausência dos velhos companheiros que se foram, um a um. Você está escanteado fundamentalmente porque é um bom caráter num lugar onde caráter vale pouco. Não há pior ofensa para quem cultua a tortuosidade do que a retidão alheia. Pior para eles.

À primeira oportunidade, saia daí.

A INVEJA É MESMO UMA MELECA

A insegurança torna algumas pessoas piores do que são. Quando falta confiança em si mesmo, uma reação comum é agredir quem surge no radar como uma possível ameaça.

Há quem nutra a perversão com leite morno e biscoitinhos. Não são poucas as pessoas que se divertem sendo más. No caso do sujeito inseguro, não é que ele obtenha prazer impingindo sofrimento aos demais. Trata-se apenas do seu equivocado instinto de autopreservação cerrando os punhos.

Você conhece pessoas assim. Gente que passa a tratá-lo de modo diferente só porque você subiu ou desceu na ladeira profissional. O sujeito passa a ser mais rude com você porque agora acha que pode – ou então passa a alisá-lo porque acha que precisa.

É gente que o hostiliza pelas costas, e joga nos bastidores pela sua derrocada, sem que você tenha feito nada que possa justificar essa atitude. Quando isso acontece, pode ter certeza: ele – ou ela – passou a enxergá-lo como um adversário em potencial. Como alguém que pode tirar seu lugar, seu poder, o quer que seja que ele – ou ela – considere que esteja em disputa com você.

E lá vem pedrada. Geralmente daquelas que pegam por trás, sem que você possa identificar de onde partiu. E lá vem reação desmesurada a uma ação que você sequer empreendeu. Esse tipo de coisa me causa estupefação. Confesso que não consigo me acostumar.

Isto talvez eu possa dizer a meu favor: minhas inseguranças, que não são poucas, nunca me fizeram lastimar outra pessoa. Esse é um orgulho que eu gosto de ter.

Para lidar com gente arrogante

Perguntei a um menino talentoso, que havia acabado de trocar de emprego, como estava a vida. Ele tinha ido para uma empresa maior, atender clientes mais vultosos. E ele me disse que não estava boa. Estava atendendo uma conta global – era o que ele queria. Mas tinha um cliente arrogante. E isso estragava tudo.

Aí se abriu à minha frente uma tela imaginária e eu comecei a ver um filme. Há executivos que se revestem de inacreditável soberba quando se veem trabalhando em determinada empresa. Especialmente se estiverem gerindo um produto líder de mercado. Ou administrando uma verba polpuda.

É como se exigissem que a adoração que as pessoas têm pela marca tivesse que ser oferecida a eles também. Como se fossem uma espécie de personificação da empresa – e também merecessem reverência. É curioso como a empáfia desses subordinados na maioria das vezes não se reflete nos donos da empresa. Você já viu isso. O gerente que se reveste de uma solenidade que o próprio diretor não tem. Ou a secretária que abusa do poder de um modo que seu chefe mesmo nunca fez. (OK, às vezes é requerido que ela seja antipática exatamente para que seu chefe possa posar como o cara mais simpático do mundo.)

Debaixo da arrogância, no entanto, há sempre uma camada de insegurança. Gente simpática é, sobretudo, gente tranquila em relação a si mesma, que não se sente ameaçada pelos outros. A antipatia é, quase sempre, um mecanismo de defesa. De quem não está seguro a respeito de suas próprias competências e capacidades.

Não que compreender esse funcionamento faça com que os arrogantes fiquem menos insuportáveis. Mas enxergar o mecanismo que os move nos ajuda a não levá-los tão a sério. E também nos alerta para que não nos transformemos neles um dia. É preciso não esquecer que só conseguimos deixar os outros em paz quando estamos em paz com nossos cobradores mais cruéis: nós mesmos.

A INCRÍVEL CAPACIDADE DE SE CERCAR DE MAUS-CARACTERES

Há pessoas com especial talento para atrair más companhias.

Algumas dessas pessoas são de má cepa também. Diga-me com quem andas etc.

Mas há gente boa que adora se cercar de quem não vale nada. Isso me impressiona. Aparentemente o fazem por ingenuidade. Não enxergam os maus-caracteres. Não acreditam nas más intenções alheias. Ou se imaginam imunes a elas. Ou não conseguem resistir ao charme de quem não presta. (Ou então o ingênuo aqui sou eu...)

Trabalhei com um cara assim. Tinha um bom coração – que às vezes batia com amor e às vezes com virulência. Mas não era um cara mau. E adorava se cercar de gente que claramente demandava distância, cautela e um baita amarelo piscante.

Até que um dia ele foi traído por gente que alimentou na palma da mão. Chegou a ser roubado por assistentes. E foi fritado e perdeu o emprego pela ação de gente em quem confiou.

Ele desculpava os maus elementos que o orbitavam. Talvez em nome do que achava que aqueles caras tinham de bom. Minimizava as evidências. Punha panos quentes. E pagou um preço bem alto por tudo isso. (Será que o simples ato de estender a mão a um patife, ou de passar a mão na cabeça de um patife, transforma o sujeito num patife, mesmo quando ele não é, pessoalmente, um patife?)

Conheci uma menina assim. Ela tinha uma sombra no olhar. Era um anjo, mas para sê-lo tinha que digladiar diariamente com seu demônio interior. Tem gente assim, que luta todo dia contra os impulsos perversos que correm em seu peito, como um drogadito tentando resistir às recaídas.

E ela elegia como melhores amigos as piores pessoas do escritório. Era notável como se aproximava das figuras mais sem valor. Não protagonizava crimes, mas tinha essa atração por estar perto da malandragem corporativa. Gostava do tipo de humor, da ginga inescrupulosa daquele tipo de gente.

E você, é chegado num canalha?

Sobre filhos da puta

Tem duas coisas que eu gostaria de dizer sobre os filhos da puta.

A primeira: ninguém vira um filho da puta do dia para a noite. A pessoa já era, gostava disso. Talvez só estivesse faltando a oportunidade de explorar esse talento.

A filhadaputice é, na melhor das hipóteses, uma característica latente, que assume forma ativa sempre que as condições do ambiente permitem.

Então, se você se surpreendeu com a insurgência de um filho da puta aí, bem do seu lado, é porque não estava prestando atenção. Ou porque foi ingênuo em sua avaliação.

A segunda coisa: todo mundo sabe quem são os filhos da puta. Essa é uma coisa que a gente sente no estômago, instintivamente, muito antes de racionalizar. Você entra no ambiente e saca logo, mesmo que de modo inconsciente, quem representa perigo.

Então os filhos da puta não estão ali por acaso – mas porque alguém convidou. E se eles continuam ali é porque alguém consentiu, porque desempenham uma função.

Portanto, a existência de um filho da puta no escritório pressupõe sempre a existência de outro no andar de cima. E assim por diante. Su-ces-si-va-men-te. Numa longa linha hierárquica de predadores focados primordialmente em reafirmar sua posição dominante na cadeia alimentar corporativa.

A filhadaputice nas empresas nunca cessa de me impressionar. Claro que se trata apenas da velha filhadaputice humana, que já existia antes de existirem as empresas. Mas, de algum modo, as corporações fornecem condições excepcionais para que ela floresça. É muito poder e grana e influência sendo disputados de modo velado e explícito por gente com interesses conflitantes em cubículos com menos de 1 metro quadrado. Não precisa de uma mísera gota de nitroglicerina para que isso vire um ambiente altamente explosivo.

Às vezes penso que se ainda fôssemos só um bando de chimpanzés correndo pelados pelo mato, disputando as melhores frutas nas árvores, seria mais fácil ler os sinais e identificar o macho alfa e seu território, o jovem desafiante a fim de briga, os eternos submissos, os omissos, os amotinados (ou amotináveis), aqueles que estão sempre à sombra da liderança hegemônica, qualquer que seja ela.

Mas somos humanos, seres mais complexos e sofisticados que isso. E também mais sombrios. Uma das habilidades especiais que colocaram o Homo sapiens no topo da cadeia nesse planeta é justamente a filhadaputice.

Entre nós há fritura. Assédio moral. Humilhações. Geladeiras. Chantagens emocionais. Armadilhas. Conchavos. Traição. Cascas de banana. Mentiras. Meias verdades. Pistas falsas. Promessas furadas. Sinais dúbios. Ordens ambíguas. Armação. Empulhação. Enrolação. Enganação.

De novo, nada de novo. Exceto pelo fato de que tudo isso é cada vez mais aceito. Sujamos as mãos. Tudo fica feio. Mas já não acreditamos que a engrenagem possa funcionar sem esse óleo escuro e viscoso.

De um lado, vivemos a era dos negócios sustentáveis. Do politicamente correto. Do socialmente justo. Das responsabilidades corporativas. Da redescoberta da cidadania. Da inclusão de novos consumidores. Das causas de marca. Do trabalho em rede. Da colaboração entre pessoas. Da formação de comunidades.

De outro, dentro das corporações, as coisas parecem continuar sendo regidas por uma lógica de competição brutal. Há duas regras silenciosas que ecoam pelos corredores: "Faz o seu que eu faço o meu." Ou seja: não conte comigo. E "que vença o pior" – ou o mais filho da puta.

Vivemos também a era dos resultados. Que agora são medidos a cada três meses. Ou em intervalos menores. E é só isso o que importa. Como você alcançou a meta, o que você está construindo no longo prazo como ativo para a companhia, a construção de relações autênticas e sustentáveis, todas essas são preocupações descartáveis.

Os olhares estão todos voltados para a linha de chegada. E não para o percurso. Então vale dedo no olho, rasteira, empurrão, cotovelada. Eis como os escritórios se transformaram na estufa perfeita para a produção de filhos da puta.

A rigor, outra vez, nada de novo. As organizações humanas sempre se cobriram com tons parecidos com esses. Das tribos africanas às cortes europeias aos califados árabes às dinastias chinesas. Mas quando paro para pensar me impressiono. Em como não evoluímos.

Com os passos que escolhemos dar em nossa caminhada, construímos (e destruímos) valores. Esse é o principal legado de nossa trajetória – as crenças que reforçamos, os paradigmas que derrubamos, os exemplos que vamos deixando pelo caminho. Então o que decidimos fazer não apenas nos define individualmente e influencia o ambiente em que atuamos – mas define e influencia o próprio tempo que nos coube viver.

Claro que há pencas de gente nos escritórios disposta a fazer o seu trabalho bem-feito e ir para casa à tardinha de consciência tranquila. Gente boa, digna, disposta a viver e a deixar viver.

Só que há mais filhos da puta do que o que seria razoável. Nós os toleramos. Nós os incensamos. A ponto de a filhadaputice ter virado um modo de vida admirado. Um estilo de condução de carreira que tem dado mais certo do que errado por aí.

Quem são seus detratores?

Se uma pessoa de quem eu gosto muito gosta muito de outra pessoa, as chances de eu virar um admirador dessa outra pessoa são grandes. Assim como se alguém de quem eu quero distância gosta muito de alguém é natural que eu tenda a achar que esse alguém não vale muito a pena para mim.

É um exercício interessante de autoconhecimento prestar atenção àquelas pessoas que gostam de você no mundo do trabalho. (E não só nele.) Quais são os seus aliados na empresa? Quem lembra com saudade de você nos lugares por onde você passou? O que essas pessoas têm em comum? O que elas dizem a seu respeito pelo simples fato de simpatizarem com você? Ao enxergar as características comuns a essas pessoas, você provavelmente estará enxergando muito das suas próprias características.

Trata-se de um espelho bastante fidedigno. Dize-me quem te admira e te direi quem és. Se seus fãs forem uma patota de imbecis, é bem possível que você seja um imbecil também. Se seus admiradores não tiverem um pingo de caráter, é possível que você também não tenha. Se eles forem pessoas talentosas e inovadoras, é possível que você pertença ao clube do talento e da inovação. E assim por diante.

É um exercício de autoconhecimento igualmente interessante analisar seus desafetos. Eles fornecem um espelho reverso poderoso. Quem o detesta? Se forem, na média, pessoas legais, opa, pare e repense tudo. A menos que você de fato não seja legal e esteja tranquilo em relação a isso. O mais provável, no entanto, é que você esteja passando a imagem de ser o oposto daquilo que gostaria de ser. Aí será o momento de dar um cavalo de pau em sua trajetória. De rever a reputação que você está construindo, provavelmente à sua própria revelia.

Agora, se os seus detratores forem pessoas insidiosas, sem escrúpulos, sinta-se feliz, chame os amigos e comemore o fato de ter inimigos que, quanto mais vociferam contra você, mais testemunham a seu favor diante das pessoas que realmente importam.

Mantenha seus inimigos por perto

Keep your friends close, but your enemies closer. A frase foi dita por Al Pacino, na pele de Michael Corleone, em **O poderoso chefão**, filme clássico de Francis Ford Coppola, citando uma das lições que havia aprendido com o pai, Vito Corleone. Esse era um dos métodos que o capo usava para exercer a sua finesse política: fique perto dos seus adversários para poder monitorá-los, controlá-los e, eventualmente, acabar com eles antes que eles acabem com você.

Isso me chamou a atenção porque minha reação natural sempre foi me afastar de gente de quem não gosto. Sempre imaginei que essa era a coisa lógica a fazer. Há pessoas com quem simplesmente não quero contato. Gente que consome as boas energias do mundo. Sempre me pareceu que ficar próximo de pessoas assim era um exercício de masoquismo. Quando não, um ato suicida.

Don Vito não pensava dessa forma. Para ele, ficar longe dos inimigos equivalia a oferecer-lhes as costas. Para um tiro ou uma punhalada. A lógica de Don Vito ajuda a explicar situações que você vê, e às vezes não entende, de gente que se detesta trabalhando junto. Ou de um cara empregando o filho do seu desafeto ou alavancando a carreira da mulher do seu inimigo. Ou de pessoas que não se bicam sorrindo falso uma para outra e fingindo, até para si mesmas, que conseguem ficar mais de cinco minutos juntas no mesmo recinto. Ou daquele chefe que tiraniza um colaborador talentoso, mas não o deixa sair de jeito nenhum para outro departamento.

Reconheço o requinte dessa estratégia de manter os inimigos por perto. Infelizmente, para mim, ela não serve. Não tenho estômago para isso.

Carta ao novo chefe

Estamos trabalhando juntos há pouco tempo. E resolvi escrever uma carta que nunca entregarei a você. É um jeito de dizer o que penso. Mesmo que você não vá ouvir.

Várias vezes me senti intimidado por atitudes suas. Seu estilo decidido não dá muito espaço para a discussão. Se você soubesse ouvir tão bem quanto fala, seria o chefe perfeito. Mas ninguém é perfeito. Muito menos os chefes.

Sou tão responsável por esse sentimento quanto você. A gente tende sempre a jogar a responsabilidade pelas coisas de que não gosta no outro lado da mesa. É difícil reconhecer que a gente também contribui para que elas aconteçam. Nem que seja simplesmente porque permitimos que elas aconteçam.

Meu grande risco ao trabalhar com você sempre foi me anular em nome de gerar menos atrito. Talvez seja isso que você, no fundo, deseja. Concordância infinita. Aplauso incondicional. Só que comprar a condição de estar em boa conta com você com a moeda do meu silêncio medroso, ou da minha aquiescência contrariada, me faz mal. Vai contra a visão que gosto de ter de mim mesmo.

Acho que a divergência não pode significar declaração de guerra. Nem deve implicar retaliação bélica. Pensar diferente, numa relação profissional madura, deve ser um direito básico. Não deveria gerar desconforto. E eu às vezes vejo você retirando dos seus interlocutores o espaço para a discordância saudável – que nunca representou sabotagem ou descompromisso com você. Ao menos no meu caso. Eu estou aqui para ajudá-lo. (É assim que estarei me ajudando.) Ainda que discorde aqui e ali de uma opinião sua.

As relações só ficam melhores com a admissão das diferenças e com a diversidade de visões. A ausência disso empobrece tudo. Lealdade não implica subserviência. E o contrário também é verdade: subserviência não implica lealdade.

Esse tem sido nosso embate velado. Não tenho achado meio-termo possível quando uma convicção sua está em jogo. E você é um homem de convicções. Trata-se de uma situação inegociável: ou seu interlocutor está com você ou está contra você. Eu nem sempre estarei com você. Mas jamais vou estar, enquanto trabalharmos juntos, *contra* você. Essa nuança infelizmente não está disponível entre a gente. E eu sinto falta dela.

Eu me ressinto do diálogo – de conversa genuína, desierarquizada, em que a sinceridade seja uma virtude e não uma ameaça. Repito: a responsabilidade por tudo isso é metade minha. Se é verdade que você forçou a barra, também é verdade que eu cedi. Para evitar um confronto frontal com você, tenho deixado de ser eu mesmo em vários momentos. De um lado, é um projeto inexequível jogar bola com a obrigação de tirar sempre a perna das divididas. De outro, eu lhe pergunto: você precisa entrar sempre rachando? Que tal disputar a bola de modo mais sereno – especialmente quando o outro jogador não é um adversário, mas um companheiro de time?

Muita gente ao seu redor tem se calado, deixado de dar contribuições que poderiam ser importantes. Esses talentos vão com o tempo perdendo o entusiasmo, o brilho no olho, com medo de tomar porrada – inclusive em constrangedores momentos de humilhação pública, um mau hábito que você precisa rever. Tenho certeza de que não é esse o ambiente que você quer construir.

Se você quiser um time flamante, de pessoas apaixonadas pelo que fazem e pelo lugar em que trabalham, que enxergue em você um líder, um mentor, então será preciso refletir um pouquinho.

Baixe a guarda, ouça mais, exponha-se ao diálogo aberto, chame o time para opinar. Acredite: isso não vai enfraquecê-lo. Muito ao contrário. Vai deixá-lo muito mais forte.

Ao pior chefe que já tive

Fui contratado pelo seu chefe para trabalhar com você, para ajudá-lo e para aprender com você, para ser o seu segundo. Absorvi uma dura lição, no curto período em que convivemos: não dá para um profissional ser contratado por outra pessoa que não seja aquela com quem ele vai trabalhar diretamente. Ou o sujeito é escolhido pelo seu superior imediato, pela pessoa a quem ele vai se reportar no dia a dia, ou a vida dele, e também a desse chefe direto, tem tudo para se transformar num inferno.

Você nunca me aceitou. Teve que me engolir, porque cheguei como uma sugestão superior e você é um homem temente à hierarquia. De um lado, você nunca questionou a sugestão do meu nome pelo seu chefe. De outro, você nunca me digeriu. Ao contrário, eu era um corpo estranho que você manteve intacto dentro do seu organismo até o momento em que a regurgitação se tornou possível.

A sua estratégia de me minar aos poucos, sorrateiramente, de me tirar os espaços, de me negar os acessos, de me induzir em erro, de me expor diante dos outros, de dilapidar aos poucos, sibilinamente, as minhas possibilidades de sucesso, deu certo. Você me sabotou. Não apenas você não abriu nenhuma porta para mim como fez questão de selar todas as passagens que pudessem me levar a algum lugar.

A sua tática de me imobilizar completamente no metro quadrado de baia que o obrigaram a me destinar funcionou muito bem. Você esvaziou a minha atuação. Até que fosse possível chamar a atenção do seu chefe para o meu suposto imobilismo. Até que a situação estivesse madura para que ele a compreendesse, com a sua ajuda obsequiosa, como inadaptação ou improdutividade minha, e revisse a sua decisão de ter me contratado.

Você se sentiu ameaçado com a minha chegada. Eu representava um grande desconforto na sua vida. Eu era o intruso. E sua vingança foi realizada à sua imagem e semelhança: de modo silencioso e subterrâneo, sem produzir marcas.

Quantas vezes pedi que me mostrasse o caminho. Quantas vezes pedi que me dissesse de que modo gostaria que eu atuasse. Quantas vezes me pus à sua disposição para ajudá-lo com o que fosse. Quantas vezes me apequenei para caber naquilo que eu imaginava que fosse o tamanho da função que você talvez se dispusesse a me oferecer.

Você dissimulava. Você omitia. Dizia o oposto do que estava sentindo. Sinalizava o contrário do que estava pensando. Apontava para o Sul e me dizia que aquele era o Norte. Confiei tempo demais em você. Contei com a sua reciprocidade em relação aos meus esforços de convivência. Demorei demais a visualizar seu jogo. Quando me dei conta, já era tarde demais.

Com você, perdi minha autoestima. Você me causou o maior malefício que pode ser imposto a um profissional: o abalo da sua confiança na própria capacidade. Sua desaprovação, ainda que velada, a qualquer iniciativa que partisse de mim foi o suficiente para que a equipe toda percebesse a oportunidade de também assumir uma postura hostil à minha chegada. Pontes foram queimadas e barricadas foram erguidas diante de mim – e com o seu apoio técnico e tácito.

Aquele time, que trabalhava com você havia muitos anos e que eu deveria chefiar sob sua orientação, entendeu instantaneamente que não havia qualquer cumplicidade entre nós e que a sua intenção era mandar o recém-chegado de volta para casa o quanto antes. A turma se esbaldou: nada mais divertido do que espezinhar um chefe com a aquiescência de um chefe maior.

Quando finalmente compreendi o tabuleiro que estava montado ao meu redor, e percebi que eu era o único ali interessado em que aquela movimentação profissional desse certo, devia ter tomado a iniciativa de sair imediatamente. Protelei essa decisão. Foi um erro. Que acabou sendo consertado não muito depois pela concretização da profecia longamente anunciada – finalmente fui expelido daquele mecanismo, como peça defeituosa, sem possibilidade de recuperação.

O sentimento mais forte que tenho por você, diante de tudo isso, é de gratidão. Por todos os erros que cometi e por todas as aprendizagens que extraí deles ao longo daquele duro período de grandes expectativas e enormes frustrações.

Saí de lá machucado. Mas com uma enorme sensação de alívio por não precisar mais suportar o martírio diário que você me impunha. Com o tempo recuperei a confiança. E a esperança – que nada mais é do que a capacidade de acreditar, inclusive em si mesmo. Com o tempo, passei a perceber que aquele fracasso representa também uma folha em branco para começar a escrever uma nova história.

Não foi fácil assimilar o tombo. E compreender que ele não foi responsabilidade exclusivamente minha. Foi bom perceber que eu não precisava mais de você. Nem da sua aprovação. E admitir que aquele emprego era péssimo. E que trabalhar com você era horrível.

Quando consegui enxergar isso tudo e ver também que eu precisava começar a cuidar melhor de mim, e me preservar mais de moendas como aquela que você capitaneava, fui invadido por uma sensação muito boa – de quem finalmente se reencontra consigo mesmo.

Você me provou que há empregos que a gente precisa perder urgentemente. Eu lhe agradeço muito por isso.

7
TRABALHAR DEMAIS QUASE NUNCA SIGNIFICA TRABALHAR BEM

HORA DE DESACELERAR

Há 25 anos eu acelero vida afora. Para sobreviver, e avançar, virei um CDF. São duas décadas e meia correndo em ritmo intenso.

Comecei a correria aos 17, quando mudei de cidade, para iniciar a faculdade na capital. Me dei conta do degrau da escada em que me encontrava. Era bem abaixo do que eu gostaria. Decidi que queria estar mais acima. Havia muita coisa que eu almejava e não sabia bem como conquistar. Então baixei a cabeça e enfiei o pé lá embaixo.

Culturalmente, eu pertencia à classe A. Financeiramente, cheguei a frequentar a classe D. Essa é uma posição muito dura – sua cabeça vive num determinado círculo, e seu bolso, noutro. Quem está inteiro no mesmo ambiente enfrenta menos angústias, creio eu.

Infeliz com o lugar em que estava, me mexi para mudar a situação. Me lancei na direção daquilo que me parecia bom. Queimei muito combustível ao longo do caminho. Movido pelo desejo de superar a pobreza, virar classe média, desfrutar de mais confortos, ter uma vida melhor.

Cheguei lá 10 anos depois. Aos 27, estava na maior cidade do país, num cargo de direção de uma grande empresa, morando num bairro de classe média alta, dirigindo o carro dos sonhos do brasileiro – um Vectra – e não precisava mais escolher os pratos no restaurante pelo preço. (Minha realidade original era não poder comer fora.) Eu podia ter brindado com uma Veuve Clicquot e reduzido a marcha do carro para andar com um pouco mais de tranquilidade. Você fez isso? Eu também não.

O fato é que a gripe passou e eu continuei tomando os remédios. Quando você subiu 20 andares, por que não subir mais 20? Por estratégia ou por vício, continuei acelerando. Tinha novas conquistas a fazer. Há sempre um monte de coisas que você deseja para si.

No meu caso, o Santo Graal passou a ser criar condições para ter uma velhice tranquila. Minha geração é a primeira que sempre soube que não pode contar com a previdência pública. As gerações anteriores podem alegar que foram enganadas pelo governo. Nós, não. Sabemos que não vamos poder contar com a aposentadoria oficial. Então cada um tem que dar o seu jeito. Como não é meu plano virar lá na frente um peso na vida dos meus filhos (como imagino que não seja o seu), reagi me lançando mais uma vez à faina. Outra causa nobre. Em nome da qual também tenho queimado um bocado de combustível.

Até que fiz 40 anos. Parece bobagem, mas foi um evento simbólico para mim. Passei a rever uma série de coisas em minha vida. Podia ter feito essas reflexões aos 39 ou aos 41. Mas o fato é que fiz aos 40. Tenho corrigido algumas rotas. E estou feliz com isso.

Pela primeira vez apareceu para mim a sensação palpável de que a minha existência tem fim e de que eu estou me aproximando dele. E isso chegou com uma clareza prática, não mais como devaneio teórico. Troquei o romantismo existencialista pelo pragmatismo matemático. Comecei o segundo tempo da vida. Metade já foi. E daqui para a frente é ladeira abaixo. Não há mais tempo a perder. Nunca houve. Mas agora soa mais premente não perder tempo com o que é supérfluo.

Quero investir tempo somente no que for essencial. E estar com pessoas que me são caras – e que eu tantas vezes negligenciei. A hora de tirar os projetos fundamentais da gaveta é agora. Esse é o momento de realizar os sonhos que escondi dentro de mim mesmo, inclusive para protegê-los do mundo.

Paradoxalmente, também é hora de desacelerar. De fazer mais devagar – para fazer melhor. De ser mais feliz no minuto a minuto. De fazer a contabilidade da vida numa base diária e não anual. E não deixar mais para amanhã alegrias que posso sentir hoje.

O esquema de me arrebentar cotidianamente em nome de um pote de ouro colocado lá na frente, no fim do arco-íris, não me serve mais. Essa estratégia fez muito por mim. Mas acabou.

TRABALHAR MELHOR PARA TRABALHAR MENOS

Uma das boas aprendizagens que só vem com a idade (embora possa não vir jamais para algumas pessoas) é a arte de dosar o esforço. A arte de se poupar das irrelevâncias para investir no que faz diferença.

O tempo é um recurso não renovável. Que fica cada vez mais exíguo à medida que avançamos pela vida. Por isso o tempo precisa ser usado com muita inteligência. A gente joga muito tempo no lixo. O que significa jogar uma porção da sua vida fora. Faça a conta e veja o tanto de sangue, de energia vital que você atirou na sarjeta, em esforços inúteis, em jornadas sem sentido, em grandes expedições a lugar nenhum.

Só mais tarde na vida, quando começamos a nos dar um pouco mais ao respeito, quando nossa atenção fica mais seletiva, é que iniciamos a caminhada em direção ao equilíbrio. Não é um processo automático. Há quem viva a vida toda desperdiçando seu tempo com escolhas ruins. A idade nos traz a chance de corrigir essa má gestão de nós mesmos.

Ainda assim, vez que outra, o sujeito sentirá uma sensação de culpa por estar desacelerando. E se perguntará se não deveria estar andando mais rápido e acumulando mais riquezas, enquanto ainda pode, só para garantir que não vá faltar mais adiante. Esse sujeito será acossado pelo sentimento de irresponsabilidade de estar reduzindo a marcha.

É preciso encontrar o balanço ideal entre a vida profissional e seus outros interesses. E segurar o ímpeto de continuar capinando e semeando e colhendo e estocando para sempre.

QUANTO VOCÊ QUER ACELERAR?

Se a vida está muito devagar, acelere.

Sempre que você estiver com a sensação de que está ficando para trás, de que está caminhando com passos mais lentos do que gostaria, transforme esse desconforto em energia para voltar à pista com força total.

Já se a vida estiver muito corrida, reduza a marcha.

Às vezes a gente acelera demais. (Na maioria das vezes, pela pressão que nós mesmos nos impomos, não pela que vem dos outros.) E isso não é bom. Se numa ponta a preguiça pode podar um monte de possibilidades, na ponta oposta voar rápido demais também pode não levar a lugar algum. Há níveis de aceleração no trabalho que são muito contraproducentes.

O segredo está em encontrar o ritmo certo – para você. Não há regra quanto a isso. Cada um tem a sua bitola – e ela não deve ser ignorada nunca. Não é olhando para quem está acima ou ao lado que você vai encontrar o que é melhor para você.

Desejo, acima de tudo, equilíbrio – que é basicamente a capacidade de você permanecer de pé sem cair. Nem ficar parado, alijado da marcha. Nem empreender a louca cavalgada. Que a jornada lhe seja confortável – e que o conforto não represente paralisia ou lassidão.

Trabalhando muito, trabalhando demais

Que é preciso dar duro, todo mundo sabe. O cenário é cada vez mais competitivo. As empresas digladiam por clientes cada vez mais exigentes. E os talentos disputam entre si lugares ao sol cada vez mais exíguos.

Então indivíduos e empreendimentos têm que estar dispostos a percorrer sempre uma "milha extra", que é como os americanos se referem ao esforço a mais que é preciso realizar para continuar vivo no mercado.

Tudo isso é verdade. Mas tudo tem limite também. A começar pelo volume de trabalho que você pode abarcar no seu dia, passando por sua invencível disposição de fazer cada vez mais coisas ao mesmo tempo. É preciso conhecer o seu limite. E respeitá-lo.

A gente tem gatilhos que nos avisam quando estamos extrapolando. Ansiedade, taquicardia, irritabilidade. E os seus alter egos – a depressão, o desânimo, a vontade de sumir. O problema é que costumamos ignorar esses sinais. Ou, então, os silenciamos com comprimidos vendidos com tarja preta.

Há angústia na falta de demanda, nas vendas baixas, no mercado parado. E há angústia no excesso de pedidos, no volume de contratos rodando, na avalanche de novas solicitações. Há angústia no desemprego, na obsolescência profissional, na eterna ameaça do ostracismo em vida. E há angústia também na carga muar de trabalho, no tanto de providências a tomar, de projetos a entregar, de horas extras a cumprir. Há angústia em relação a sua capacidade de vender e há angústia em relação a sua capacidade de entregar aquilo que foi vendido. E como há angústia em todo lugar, só nos resta aprender a lidar com ela e com esse cenário em constante tensão, seja pelo lado da escassez, seja pelo da abundância.

Uma solução comum, diante das incertezas do mundo do trabalho, é trabalhar cada vez mais. Ao menos para poder dizer, para si mesmo, em caso de debacle, que você fez tudo o que podia. Aí você baixa a cabeça e engata uma marcha feroz. Até que começa a sentir a fuselagem se despregando do corpo do avião em pleno voo, por conta da trepidação que você mesmo se impôs.

Depois vem uma sensação de insuficiência. Um correr atrás que nunca chega a lugar algum e que não lhe permite descansar. Você perde o sono, perde o centro. Você sabe que o carro está andando numa velocidade maior do que aquela para a qual ele foi projetado. Mas você já não consegue parar.

Não é difícil sentir os sintomas do abuso de trabalho – eles são claros. O duro é reagir corretamente a eles – e conseguir parar. O difícil é se respeitar.

No meu caso, tento traçar algumas regras para coibir o abuso de mim por mim mesmo:

1. Não trabalhar nos fins de semana. Folgas são para a família e para mim. São paradas propositais, em que o objetivo é descansar e não ser produtivo.

2. Não levar o notebook para a cama, não trabalhar à noite, não invadir o horário de descanso ou de lazer. O dia tem que caber dentro do dia. Se as horas de trabalho não forem suficientes, o jeito é continuar amanhã.

3. Pisar no freio e retornar ao ponto de equilíbrio sempre que a velocidade ultrapassar aquele limite que nos permite viver a vida respirando normalmente. Sem gastrite, sem sudorese, sem crises de pânico.

A REGRA NÚMERO 1

Queria estressar esse ponto sobre o fim de semana.

Você tem levado tarefas para o vaso, para o banho, para fazer no carro enquanto dirige?

Você tem a sensação de que não consegue mais se desconectar do trabalho e de que é preferível sair sem as calças do que sem o smartphone?

Você sente que, se tirar algumas horas para você, o mundo à sua volta vai parar – por obra dessa sua indesculpável negligência de abandonar o mundo à sua própria sorte por algumas horas?

Então nós temos alguma coisa em comum. E eu tenho uma regrinha simples a lhe sugerir: coloque um cadeado na sua agenda da noite de sexta até a manhã de segunda. Uma tranca inegociável. A sua agenda no fim de semana tem que ser emocional e lúdica. Estabeleça um compromisso exclusivo, aos sábados e domingos, consigo mesmo. Será o momento de se dedicar a seus interesses pessoais, a seus filhos, a sua mulher, a sua família, a sua vida privada. Esteja inteiro com eles, presente como se aqueles fossem seus últimos dias de vida. (Nunca se sabe.)

E se alguém o questionar (tipo você mesmo), responda na lata que essa é a melhor coisa que pode fazer naquele momento, inclusive em prol das suas responsabilidades corporativas. É um tempo para reciclagem, respiro, pesquisa informal, descanso criativo. Quem não para de vez em quando não consegue ir muito longe.

Aprender a operar essa barreira sanitária entre as encrencas e os compromissos do escritório, e a vida fora de lá, é fundamental. Trata-se de uma arte que todos nós precisamos praticar. Tem gente que nunca sai da empresa – não importa onde esteja. Esse é um vício a ser lamentado, não é uma virtude a ser festejada.

Se você é desses, saiba que precisa começar urgentemente a levar uma vida dupla. Nada pior do que uma vida monolítica, definida por planilhas, reuniões e relatórios. É preciso tirar a gravata uma hora, saber o momento de pendurar o tailleur. Ao cultivar alegrias privadas, você estará respeitando não apenas a si próprio, mas a todas as outras pessoas que sua tomada de decisão libertará – subordinados, fornecedores, parceiros.

Cada pessoa que blinda o seu sábado e o seu domingo, e não checa e-mails nem faz serão no escritório (nem mesmo no escritório de casa), acaba propiciando que outras quatro ou cinco pessoas, pelo menos, blindem o seu fim de semana também.

Basta acreditar naquela ideia bonita de que sábado é dia de curtir e que domingo é dia de descansar – e que todos os pepinos que você tem para resolver podem esperar tranquilamente pela segunda-feira.

Uma corrente do bem, um círculo virtuoso. Comece agora.

"Desculpem, tenho que ir trabalhar..."

Esses dias tive que pegar um avião a trabalho no domingo à noite – veja como não é fácil manter essa regra que acabei de propor a você. Fiquei chateado. Ter que deixar sua família num momento que é deles, é um negócio difícil de engolir. Especialmente numa hora tão litúrgica quanto o fim de domingo, quando você está se despedindo da sua gente para encarar a semana e seus leões.

O fato é que me sentia naquele momento como se estivesse profanando um santuário. Racionalmente, eu me dizia que não havia o que fazer. Eu estava longe de ser o único no mundo a viver esse tipo de coisa. Mas nada daquilo me fazia sentir melhor. Então, ao me despedir das crianças, acabei me desculpando por ter de sair.

Minha mulher fez, na hora, uma cara de desaprovação. E depois me falou tudo que eu precisava ouvir naquele momento, numa frase lapidar que eu nunca esqueci: "Não se desculpe com seus filhos por trabalhar." Pronto. Ponto.

Minha mulher tem esse poder de mudar o cenário com uma síntese de grande sabedoria. Espero que você lide com mais leveza do que eu com essas esquinas da vida. E, quando não estiver dando conta, espero que tenha por perto uma mulher como a minha.

Que tal ser um pouco irresponsável?

Trabalhar com gente ponta firme é muito bom. Trabalhar com gente em quem não se pode confiar é muito ruim.

Mas a pior irresponsabilidade não é aquela que o sujeito comete contra o trabalho ou contra seus colegas. A pior irresponsabilidade que alguém pode cometer é contra si mesmo, quando privilegia suas obrigações no escritório e negligencia completamente sua vida particular. Quando você não se resguarda e deixa de respeitar a si mesmo.

O dia nunca vai ter mais horas do que tem hoje. Então que tal começar a fazer a sua agenda caber nele?

Você precisa dormir oito horas. Ou o esticão de hoje vai arruinar o dia de amanhã. E assim sucessivamente.

Você precisa ter um momento de qualidade com seus filhos pelo menos uma vez por dia. Os capítulos que você perder nessa história não têm reprise.

Aquele e-mail que você precisa enviar ainda hoje pode tranquilamente ser enviado amanhã pela manhã. Salvo raros casos, não fará diferença alguma. O sujeito do outro lado também está assoberbado e talvez, no íntimo, até o agradeça pelo fato de você não se mover tão rapidamente.

As coisas que você faz profissionalmente depois das 20h simplesmente não deveriam estar sendo feitas. Acredite:

ninguém vai morrer se você deixar de fazê-las. É provável que seus pares e interlocutores já tenham ido descansar – coisa que, cá entre nós, você também deveria estar fazendo.

Então vale, sim, ser um pouquinho menos responsável.

QUANTO VOCÊ ESTÁ DISPOSTO A PAGAR PARA MANTER TUDO QUE ACUMULOU?

A verdade é que a vida fica muito mais difícil quando você decide viajar com 10 malas enormes em vez de uma só mochila bem fornida.

A tendência da gente ao longo da vida é essa: ir acumulando valises, frascos, baús, sacolas de grife ou de supermercado, toda sorte de penduricalhos e tranqueiras que vão nos deixando mais pesados e mais lentos.

Você começa a vida – e a carreira – sem nada. E quer ter tudo. Aos 18 anos, a maioria de nós só tem dinheiro para a passagem do ônibus. Mas temos ambição e sonhos de sobra. E queremos realizá-los um a um.

Aí vamos vivendo, crescendo, batalhando. E começando a adquirir as coisas que gostaríamos de ter. E que, sem sombra de dúvida, merecemos.

Começamos a conquistar coisas que no fundo nunca chegamos a acreditar que conseguiríamos ter um dia. Vamos sentindo o gosto dessas vitórias. E vendo que esse gosto é bom. Ainda que algumas coisas com que sonhávamos nos decepcionem um pouco.

Aí um dia você faz 40 anos e percebe que está coberto de badulaques que vai arrastando estrada afora como grilhões. (E isso é exatamente o que eles são.)

A gente coisifica as conquistas. Precisamos das coisas pelo valor intrínseco que elas trazem a nossa vida – o conforto de uma casa, o prazer de comermos e vestirmos melhor, a conveniência de um carro. Mas precisamos das coisas também pelo seu valor simbólico. Elas nos ajudam a enxergar o tanto que caminhamos. Elas demarcam e tangibilizam o patamar de vida que logramos alcançar.

No dia seguinte você acorda no meio da noite com uma baita ansiedade corcoveando no peito. Crise de pânico. Vou conseguir continuar avançando por esse caminho, nessa velocidade, visto que já acostumei a mim e a minha família com esse padrão? Medo. Por quanto tempo vou conseguir manter tudo isso que já conquistei e sem o que não consigo mais viver? Insegurança ao descobrir que há uma regra escrita em letras pequenas no contrato de todas aquelas coisas que você adquiriu: o patrimônio não envolve só o custo de adquiri-lo – mas principalmente o custo de mantê-lo. Pois é. Bens escravizam.

Quando você se dá conta, se tornou um refém do estilo de vida que construiu. Aí você tem que trabalhar 14 horas por dia para sustentar aquelas coisas todas que, a rigor, nem tem mais tempo de usufruir.

Você mora num prédio caro, num bairro caro, numa cidade cara. Você paga uma exorbitância pela escola dos seus filhos, para estacionar seu carro, pelo plano de saúde, pelo clube, pelo condomínio, para comer uma pizza domingo à noite, para ir ao cinema, para comprar uma calça jeans e um tênis, para comprar comida e material de limpeza para a casa.

Mas é importante ter. Ter se tornou ser. Se você não tem, você não é. A sua dignidade e a sua autoestima passam a depender disso. Você já não tem posses – elas é que possuem você.

Se eu pudesse dizer alguma coisa a quem está começando, seria isso: "Permaneça leve." Fique magro.

Para quem já andou metade do caminho, como eu: será que o único jeito de escapar dessa armadilha é tratar de perder peso – começando hoje? Mas como fazer isso sem retalhar a própria carne?

Ainda mais difícil do que rever hábitos alimentares e emagrecer fisicamente é rever hábitos de consumo e emagrecer em estilo de vida. Isso passa pelo tênue equilíbrio entre o poder de compra e o quanto estamos dispostos a pagar pelo direito de exercê-lo.

Quer trabalhar menos?
Pergunte-me como

A regra é simples: só contrate gente melhor do que você.

É fácil de falar. E um pouco mais complicado de fazer. Mas eu sei por experiência própria: isso funciona. Muito.

Só contrate talentos de primeira. Os melhores que você puder atrair. E, pelo amor do bom deus, deixe-os trabalhar. Não tente competir com seus subordinados. Não puxe o freio de mão das Ferrari que você porventura consiga colocar na garagem. Ao contrário, estimule-os a sair para a rua todo dia e a roncar seus motores nas várias *highways* que há por aí, pedindo para serem desbravadas por motores potentes.

Esse é o único jeito de mantê-los com você: deixá-los andar com o freio de mão solto. Pense que eles irão desbravar o mundo com seus motores de 660 cavalos de qualquer modo. Com você ou sem você. Então é do seu interesse que eles façam isso em seu nome.

Da próxima vez que você se pegar reclamando da carga de trabalho, de que não tem tempo para nada e de que tudo no escritório depende de você, lembre-se de se iniciar na fina arte da delegação. E não se esqueça de que só é possível delegar com sucesso quando você se cercou antes de gente mais talentosa e mais competente do que você. Brife-os corretamente, estabeleça metas arrojadas, deixe-os à vontade, apoie-os ao longo do caminho, cobre os resultados, premie o êxito... e vá pescar!

Tem uma história ótima envolvendo Victor Civita, o lendário fundador da Editora Abril. Segundo ouvi contar, um dia, logo na virada dos anos 1970, o velho VC, como era chamado carinhosamente, passeava pelos corredores da empresa com um visitante que viera almoçar com ele. Até que cruzou pela porta da redação da revista **Veja**, que estava nascendo e que contava com um time da pesada: Mino Carta, José Roberto Guzzo, Elio Gaspari, Dorrit Harazim. Alguns dos melhores jornalistas – e revisteiros – que já atuaram no Brasil se amontoavam ali dentro. VC bateu no ombro do visitante e disse: "Está vendo toda essa gente brilhante? Eles trabalham para mim." Esse é o patrão mais sábio do mundo. Soube contratar os melhores. E deixou os melhores trabalharem por ele.

Nada pior do que ter que fazer o trabalho do seu subordinado. Por não confiar nele. Ou por sabê-lo incompetente – já que você o contratou exatamente por isso, para que ele não lhe fizesse sombra. Mil vezes trabalhar com gente que você tem que frear do que com gente que você tem de empurrar. Mil vezes ter que colocar um cabresto no cara talentoso e impulsivo do que ter de ficar jogando isotônicos e energéticos goela abaixo de um colaborador moribundo.

Quem contrata gente ruim o faz ou porque é ruim também ou porque é inseguro e precisa estabelecer parâmetros baixos à volta para se sentir bem. Fica mais confortável no curto prazo. Você não é muito questionado. Você tem a sensação de ser o rei do pedaço. No longo prazo, no entanto, povoar o ambiente com profissionais medianos é criar um atalho particular para o cemitério de carreiras.

Um time é sempre o espelho do seu chefe. Então a montagem da equipe é um critério de avaliação importante para qualquer executivo. Dize-me quem contrataste nos últimos cinco anos e direi que tipo de profissional tu és. Ah, você não produziu ninguém na sua equipe capaz de substituí-lo? Então, desculpe, não será possível promovê-lo.

Não é fácil trabalhar com gente melhor do que você. Dá trabalho. Mas nada que se compare a ter que entrar em campo com um time de perebas que você mesmo montou.

O culto ao estresse

A vida é dura. As tarefas se acumulam. Às vezes a rotina do escritório beira o insuportável. Noutras vezes, a sucessão de dias é um vasto tédio. Essa é a nossa vida: um misto de pasmaceira e tensão. Então por que tornar as coisas ainda mais salobras?

Tem gente assim: onde puder botar uma pilha, armar um barraco, é lá que mete a pata de elefante. Se puder enviar um e-mail mais ríspido, levantar a voz ao telefone, copiar um monte de gente na correspondência eletrônica malcriada, é ali que descarrega suas piores energias.

Uma pessoa dessa estirpe é fonte constante de estresse para todo mundo: quem trabalha com ela, quem é seu fornecedor ou seu cliente, dentro ou fora da empresa. São os cri-cris.

Os cascas de ferida. Às vezes nem o fazem por mal. Mas por cacoete. O que, para os demais, dá no mesmo.

No final, são pessoas que atravessarão a carreira sozinhas e mal-amadas. E que um dia vão sofrer com isso. Mas, pelo tanto que espalharam de sofrimento e de insatisfação, terminarem infelizes é apenas a lei das compensações operando sua mágica.

O bacana é que não precisa ser assim. Você quer decidir entre causar ojeriza ou admiração. Entre atrair ou afastar as pessoas. Nos momentos de crise, você quer ser visto como uma reserva de equilíbrio em meio ao fandango ou prefere ficar marcado como aquele sujeito que não aguentou a barra e espanou?

A contribuição que você dará ao mundo é, sempre, uma escolha sua. Então escolha bem.

Você sofre de BIP?

BIP é a sigla da síndrome da Busca Incansável do Problema.

Ouvi isso há uns 15 anos de um velho chefe que tive. Não sei se é criação dele ou se ele apenas citou uma jocosidade alheia. Não importa. O conceito da BIP é perfeito para definir aquelas pessoas que decretaram que jamais terão sossego na vida.

Há muita gente assim. Gente que não consegue relaxar nunca. As coisas não podem estar razoavelmente certas na vida do sujeito. Se ele estiver em paz com o mundo, isso o desassossega. Se tudo parece certo, é óbvio que alguma coisa está errada. Algum problema tem que haver. E, quando não há, o sujeito cria um.

Esse é o funcionamento clássico de um portador da BIP. Se você não está se sentindo infeliz, trate de encontrar alguma fonte de infelicidade – o importante é estar na fossa. Você precisa ter sempre no bolso uma licença para chorar. Se não há nenhuma ameaça que justifique seu medo, crie uma. Porque a vida sem pânico não tem a menor graça.

Trabalhei com uma moça que era exatamente assim: trazia 20 abacaxis por dia e os derrubava sobre a minha mesa. Eu descascava o lote pacientemente, com ela. Pelando um abacaxi de cada vez, pedagogicamente. No dia seguinte, havia outros 20 abacaxis em minha baia.

Ela é ainda hoje o exemplo mais bem-acabado de BIP com que cruzei na carreira – mas está longe de ser o único. Era uma *junkie* viciada em perrengues. Os problemas, é claro, eram todos alheios a ela. Ela era só a vítima. Nunca estava na causa de nada, apenas sofria as consequências.

Ou então seu teatro nem era assim tão sincero, nem refletia angústias genuínas. E servia mais para que pudesse deixar de trabalhar, obstaculizando sua agenda com mil empecilhos.

Sobretudo, acho que ela se divertia um bocado naquele jogo de tabuleiro em que transformava a mim, seu chefe, numa espécie de peão.

Um dia feliz

Há uns anos que, no meu aniversário, tiro o dia de folga. É um presente que me dou. Na verdade, o melhor presente que eu poderia me dar: tempo para ficar com minha mulher e com meus filhos. Tempo para mim e para o que é essencial em minha vida.

Levo as crianças à escola. Tomo café na padaria com minha mulher. Sem pressa. É um dia sem relógio. Em que o tempo corre biologicamente.

Ao meio-dia, pegamos as crianças e vamos almoçar num restaurante bacana. Me dou o direito de comer bem. Ganho presentes. Depois vamos brincar com as crianças por aí. Gastamos a tarde dando risada, olhando nos olhos uns dos outros.

À tardinha, voltamos para casa. Com tempo de cozinhar para eles um jantar gostoso – meus sanduíches quentes são um sucesso. Com tempo para fazermos uma pequena sessão de MMA sobre o tapete. (O melhor perfume do mundo é o do pescoço suado do filho da gente.) Com tempo para um banho de banheira com muita espuma e estripulia. (Sim, já fui mais requisitado para isso. Acho que esses dias de nudez comungada estão chegando perto do fim. Fundamental aproveitar o que resta.) Com tempo para ler para eles na cama, para cochilar um pouco antes que eles peguem no sono. (No fundo, como se vê, eles é que me põem para dormir.) Com tempo para, antes de sair de fininho das suas camas, ficar curtindo suas respirações, fazendo cafuné, de levinho, como quem diz: "Dorme tranquilo, meu querido, dorme bem, minha querida, vou estar sempre aqui por você."

No seu aniversário, faça como eu: arranje uma gripe fortíssima, não vá trabalhar e seja muito feliz.

Aproveite bem o seu dia

Aí um dia você toma um avião para Paris, a lazer ou a trabalho, em um voo da Air France, em que a comida e a bebida têm a obrigação de oferecer a melhor experiência gastronômica de bordo do mundo, e o avião mergulha para a morte no meio do Oceano Atlântico.

Sem que você perceba ou possa fazer qualquer coisa a respeito, sua vida acabou. Numa bola de fogo ou nos 4.000 metros de profundidade preenchidos por água congelante naquele mar sem fim. Você que tinha acabado de conseguir dormir na poltrona ou de colocar os fones de ouvido para assistir ao primeiro filme da noite ou de saborear uma segunda taça de vinho tinto com o cobertorzinho do avião sobre os joelhos. Talvez você tenha tido tempo de ter a consciência do fim, de que tudo terminava ali. Talvez você nem tenha tido a chance de se dar conta disso. Fim.

Tudo que ia pela sua cabeça desaparece do mundo sem deixar vestígios. Como se jamais tivesse existido. Seus planos de trocar de emprego ou de expandir os negócios. Seu amor imenso pelos filhos e sua tremenda incapacidade de expressar esse sentimento. Seu medo da velhice, suas preocupações em relação à aposentadoria. Sua insegurança em relação ao seu talento e às reais chances de sobrevivência de suas competências nesse mundo que troca de regras a cada seis meses. Seu receio de que sua mulher, de cuja afeição você depende mais do que imagina, um dia o deixe. Ou pior: que permaneça com você, infeliz, já tendo deixado de amá-lo. Seus sonhos de trocar de casa, sua torcida para que seu time faça uma boa temporada, o tesão que você sente pela ascensorista de olhos tristes. Suas noites de insônia, essa sinusite que você está desenvolvendo, suas saudades do cigarro. Os planos de voltar à academia, a grande contabilidade (nem sempre com saldo positivo) dos amores e dos ódios que você angariou e destilou pela vida, as dezenas de pequenos problemas cotidianos que você tinha anotado na agenda para resolver assim que tivesse tempo. Bastou um segundo para que tudo isso fosse desligado. Para que todo esse universo pessoal que tantas vezes lhe pesou toneladas sobre os ombros, e dentro do peito, se apagasse para sempre. Como uma lâmpada que acaba e não volta a acender nunca mais. Fim.

    Então, aproveite bem o seu dia. Extraia dele todos os bons sentimentos possíveis. Não deixe nada para depois. Diga o que tem para dizer. Demonstre. Seja você mesmo. Não guarde lixo dentro de casa. Nem jogue seu lixo no ambiente. Tente viver com mais leveza. Não cultive amarguras e sofrimentos. Prefira o sorriso. Dê risada de tudo, de si mesmo. Não adie alegrias, nem contentamentos, nem sabores bons. Seja feliz. Hoje. Amanhã é uma ilusão. Ontem é uma lembrança. Só existe o hoje. Aproveite bem.*

* Texto escrito por ocasião do acidente com o voo 447, da Air France, que caiu no Oceano Atlântico quando fazia a rota Rio-Paris. O avião decolou às 19h30, horário de Brasília, do dia 31 de maio de 2009, do Rio de Janeiro, e caiu pouco menos de quatro horas depois, a cerca de 1.100 quilômetros da costa brasileira, matando 228 pessoas de 32 nacionalidades.

8

SÓ UMA COISA NÃO MUDARÁ JAMAIS: A NECESSIDADE DE MUDAR SEMPRE

Se está ruim, por que continuar?

Você vai vivendo a vida. Fazendo as coisas do melhor jeito possível. Vai tocando o barco como sabe, do jeito que pode. E às vezes até com certo orgulho das escolhas que fez e da trajetória que está desenvolvendo.

Aí, no meio de uma tarde qualquer, você ouve um estalo. De graveto se quebrando – crack! Um barulho esquisito que emerge lá de dentro da sua caixa torácica.

Esse estalo é a percepção repentina, cristalina, insofismável de que você está no caminho errado. De que pouco ou nada do que você construiu até aqui tem condições de conduzi-lo ao lugar onde você realmente gostaria de estar.

Finalmente as peças se encaixam. Mas essa visão não traz alento – ela é assustadora. Agora ficou claro o que você quer. E o que você não quer. Mas saber disso não é um alívio – é desesperador.

Você terá que tomar uma decisão. Talvez a mais importante de sua vida até aqui. Ou fingir que não está sentindo o que deveras sente – e continuar caminhando como se nada tivesse acontecido. Ou então parar tudo e dar um cavalo de pau no modo como vem conduzindo as coisas.

A primeira tendência provavelmente será tentar seguir vivendo a vida do jeito que sempre viveu. Fazendo a nova realidade se amoldar à sua visão anterior da vida. Afinal, a perspectiva que você acabou de vislumbrar é aterradora.

Uma coisa é você ouvir um estalo e perceber que está ficando para trás, atrasado em relação aos outros. O medo de estar ficando obsoleto é uma sensação gélida. Mas você não está questionando o caminho que escolheu. A sua direção está correta – trata-se apenas de uma questão de potência e velocidade.

Outra coisa é o estalo revelar algo que você talvez estivesse escondendo de si mesmo há muito tempo: você nunca será feliz assim porque não está fazendo algo que possa lhe trazer felicidade. Quanto mais você avançar por esse caminho, mais distante ficará de si mesmo. Quanto melhor você se tornar nisso, pior para você.

Esse é um choque de realidade duríssimo. Com cara de pesadelo. Aquela visão edulcorada que você nutria sobre sua carreira acabou. Bem-vindo ao arrepio na espinha, ao frio na barriga, ao choque na nuca.

Se você estava dirigindo o carro errado pela estrada errada, tendo acreditado por tanto tempo estar conduzindo o carro certo pela estrada certa, então várias outras de suas convicções também podem estar erradas. Pode ser que nada daquilo em que você acreditou ao longo dos anos seja verdade. Você começa a duvidar do seu discernimento.

Desejo que suas escolhas até aqui tenham sido as melhores possíveis. Mas, se esse estalo acontecer um dia, tenha calma. Respire fundo. E em seguida... agradeça. Admita essa nova verdade sobre si mesmo. Não a renegue. Porque isso significaria renegar o que você mesmo está se dizendo.

Estalos assim são benfazejos, independentemente do momento em que acontecem. (E eles não têm hora para ocorrer.) Eles sempre fazem crescer. Corrigem rotas. E resgatam você de estradinhas de chão que não vão dar em lugar algum e que a gente às vezes, sei lá por quê, se engana imaginando que são rodovias de pista dupla, bem asfaltadas e de alta velocidade.

Quanto menos você resistir a esse estalo e quanto mais construtivamente você reagir a ele, melhor.

A alternativa é insistir no erro. E apostar no autoengano. Costuma não dar certo.

QUAL É A SUA OBRA-PRIMA?

Nada melhor do que uma manhã sonolenta para averiguar a quantas anda a sua vida.

Será que você está com uma dificuldade normal de sair da cama e começar o dia, como acontece de vez em quando com todo mundo, ou será que há na sua indolência matinal um sinal de que a sua profissão deixou de lhe oferecer prazer, de que seu ofício virou uma cruz pesada que você carrega diariamente?

Entre um bocejo e outro, aproveite para se perguntar: o que você faz bem? O que lhe dá satisfação genuína de fazer? Falo daquela sensação gostosa de realização, quando você acaba o que está fazendo, olha para trás e diz: "Caramba, isso ficou legal, isso eu fiz bem-feito." Esse é um sentimento impagável. Você sai leve, completo, certo de que gerou algo que vai mudar para melhor a vida de alguém.

Quando essa sensação acontece, preste muita atenção. Ela revela uma área em que você tem grandes chances de virar craque. Mas ela revela, principalmente, um tipo de atuação que tem grandes chances de fazê-lo feliz. Dê seta e entre.

Você odeia seu trabalho?

Não é possível ser feliz fazendo alguma coisa de que você não gosta. Ninguém segura por muito tempo a barra de realizar todo dia uma atividade que não lhe dá prazer.

Você pode viver assim por algum tempo, visando ao atingimento de uma meta específica. Você pode aceitar um emprego que não tem nada a ver com você para colocar comida em cima da mesa de casa até encontrar outro trabalho. Mas é bom que o encontre rápido. Em nome da sua sanidade mental. Em nome da sua alegria de viver.

O problema é quando você se eterniza fazendo aquilo que detesta. Há muita gente nessa situação, se flagelando a carreira toda, se angustiando a vida inteira, acordando infeliz todo dia, amargurada por fazer o que está fazendo e por ser quem é.

Essas pessoas agem assim em nome do dinheiro. Ou da permanência no emprego. Assim vão levando. Destroem seu humor, sua autoestima, sua sensibilidade. Convivem há tanto tempo com o martírio que passam a imaginar que o mundo do trabalho é assim mesmo, que não há outra opção que não seja sofrer. Nada é mais triste do que isso.

Eis o risco terrível de se atirar com desmesura a uma atividade que o corrói por dentro – o exercício diário disso vai afastando-o cada vez mais daquela fabulosa energia chamada felicidade. Você deixa de ser um bom pai ou uma boa mãe, um bom marido ou uma boa mulher.

Há gente que simplesmente não admite a hipótese de trabalhar com algo que a desagrade. São meus heróis.

E há gente cujo talento não é bem remunerado pelo mercado. É possível que você venha a se encontrar um dia nessa posição: fazer o que eu gosto ganhando menos ou fazer o que eu não gosto para ganhar mais?

Uma decisão desse porte nunca é fácil. Desejo que você opte pelo caminho que lhe renda o menor número de arrependimentos no futuro.

Você ama aquilo que faz?
Você faz aquilo que ama?

Um dia você se dá conta da quantidade de desgostos que acumulou ao longo da estrada. Olha para cima, abre os braços e pergunta – *por quê, cara?*

Um dia essa carga negativa bate na tampa e transborda. Você acorda e percebe que se tornou uma pessoa amarga. Alguém que desistiu. (De si mesmo.) Você se transformou numa pessoa áspera. A bile escorre de você como lava, machucando as pessoas à sua volta e escalavrando a sua própria pele.

Tudo porque você deixou de fazer o que mais queria. E isso é coisa que a vida não perdoa.

Todo mundo sabe aquilo que mais deseja para si. Mesmo quando a gente não quer admitir, a gente sabe. As respostas estão sempre dentro da gente. Mesmo em estado bruto, inarticuladas, elas estão lá. Basta procurar. E aceitar.

Verdades fundamentais às vezes ficam invisíveis – porque não estamos acostumados a enxergar a essência das coisas. Por vezes nos deparamos com uma descoberta íntima e viramos o rosto. Fingimos não ver.

Há tantos sinais que nos damos todos os dias. Dizemos a nós mesmos, a todo instante, às vezes em tom desesperado, o que queremos fazer, o que deveríamos estar fazendo, o que de fato nos encanta, quem gostaríamos de ser. Indicamos o caminho para nós mesmos a todo momento. No entanto, nos ouvimos pouco.

Quando temos um momento feliz, deveríamos prestar atenção ao que nos fez sentir daquele jeito. Quando temos um dia bom, idem. Deveríamos colocar mais daqueles ingredientes em nossa vida. Que ingredientes são esses? Como podemos reproduzi-los amanhã e depois de amanhã e depois de depois de amanhã?

O outro lado dessa moeda é igualmente verdadeiro: quando estamos nos sentindo mal, eis aí uma aula sobre nós mesmos. Momentos de infelicidade têm enorme valia em termos de autoconhecimento. E, no entanto, fugimos deles de modo histérico, antes mesmo de compreendê-los. Assim, ignorantes a seu respeito, não conseguimos retirar de nossos repertórios os botões que os acionam. E acabamos vivendo-os de novo, e de novo, de novo.

Viver uma vida que não é a que gostaríamos é resultado de uma série de coisas. Passa pelo medo de não tomar as decisões certas. Ou de rever as decisões equivocadas. Pela comodidade de dizer que não era possível mesmo, que é culpa da mãe ou do pai, que não foram bons, ou de Deus, que não ajudou, ou do governo, que não deu condições, ou do destino, que não quis, ou dos outros, que atrapalharam, ou do mundo, que é feio e chato.

Esse mau hábito de negar o que nossa própria libido está nos dizendo passa também pela venda de nossos sonhos mais caros pelo primeiro quinhão de moedas que nos aparece pela frente. O que significa ignorar a voz do coração em nome de uma decisão racional e fria – que quase nunca é a melhor.

Assim como passa pelo masoquismo de se perpetuar em situações tortas para ter do que reclamar, para poder se vitimizar diante dos outros e de si mesmo, mantendo as próprias feridas abertas como um álibi para não ir adiante.

Mas acho que essa negação de si mesmo passa, sobretudo, pela dificuldade de se dedicar frontalmente a um projeto de felicidade, abdicando de interesses secundários.

É que se focamos no que mais queremos, se perseguimos única e exclusivamente aquilo com que sonhamos, e o projeto não dá certo, a queda é grande. Você eliminou os planos B de sua vida, e seu plano A naufragou. Soa como a eliminação da sua própria razão de existir. Como o fim do sonho que o define como pessoa e como profissional.

Então, para não perdermos todas as fichas, apostamos baixo. Para não nos decepcionarmos, mantemos nossa aspiração mais profunda trancafiada no porão, à prova dos riscos do mundo real. Assim nos dedicamos a ganhar a vida num outro terreno – que se não der certo, tudo bem, porque nunca foi o que quisemos mesmo.

De um lado, ficamos com o sonho preservado, em suspensão eterna. De outro, arrumamos um ganha-pão, qualquer coisa que possa ser exposta sem maiores grilos à concretude da vida.

Com medo de nos tornarmos infelizes, abraçamos a infelicidade já na largada. Com medo de não sermos campeões em nosso esporte predileto, vamos jogar outra coisa, qualquer outra coisa, na qual possamos perder com menos preocupação.

"Eu acordo todo dia com vontade ZERO de ir trabalhar"

Essa frase me foi dita por um rapaz de 26 anos. Ele estava digitando no Google: "Todo dia penso em pedir demissão", encontrou um texto meu na internet e aí nós engatamos umas conversa.

Ele era designer gráfico, trabalhava numa multinacional e já tinha passado por algumas outras empresas grandes e conhecidas. Ele não via futuro para si naquele ambiente – não havia um plano de carreira para a sua atividade. Ele alegava ganhar relativamente bem – mas estava muito insatisfeito.

Não tinha mais paciência com nada nem com ninguém – e tinha consciência de que contaminava os outros, ao redor, com esse mormaço.

Ao mesmo tempo, ele dizia ter muitas ideias de negócio. Especialmente no mundo dos carros. "Aos sábados, acordo às 7h com 100% de disposição para ir a um curso de automobilística que estou fazendo."

Em nossa conversa, ficou claro que ele atuava como designer numa empresa cuja competência central não era o design.

E ele não tinha um bom plano de carreira à sua frente porque, na carreira em Y, ele estava na perna do especialista e não na do gestor. A sua cabeça já estava batendo no teto do que a empresa oferecia para aquela função.

Isso, de fato, é uma luz amarela. Ser um médico numa indústria de laticínios será sempre mais árido e menos entusiasmante do que ser um médico num hospital de ponta. No entanto, uma carreira de especialista, para alguém com alma de especialista, pode ser muito mais feliz do que uma carreira em gestão, para quem não é gestor – quando o sujeito precisa começar a lidar com números, com venda, com disputas de poder e puxadas de tapete, com a extenuante arte de liderar pessoas etc. São outras pressões. Depende de cada um escolher por qual perna do Y avançar. Para tomar a melhor decisão, é preciso, antes de mais nada, se conhecer bem. O que nunca é um exercício simples.

Mais adiante, em nossa conversa, nos defrontamos com a hipótese de que talvez seu problema não estivesse na empresa nem no plano de carreira em Y – mas na própria profissão que ele abraçou. Talvez seu coração não estivesse batendo mais (se é que um dia bateu) no design gráfico. Quando ele dizia que mal conseguia sair da cama para pilotar o seu Apple, mas que acordava lépido nos sábados pela manhã para fazer um curso de automobilística, sem ganhar nada por isso, ficava claro que ele estava se relacionando oficialmente com uma mulher, mas que estava de verdade apaixonado por outra.

Eu lhe disse que, aos 26 anos, ele não tinha apenas o direito, mas o dever, de perseguir o seu desejo profissional mais autêntico. (Não que isso seja diferente quando se tem 36, 46 ou 66 anos. Mas aos 26 isso é mais óbvio e imperativo. Você não tem nada a perder – a não ser a sua infelicidade diária.) Se a paixão dele era carro, ele tinha que correr atrás disso. Sem dar ouvidos a ninguém – exceto ao seu próprio coração.

A única rota que faz sentido é aquela que nos aproxima dos nossos sonhos. Passo a passo, um dia após o outro, no ritmo que nos for possível – mas sem jamais desistirmos daquilo que mais queremos para nós mesmos.

Está com medo de ser promovido? Troque de carreira!

Há situações em que essa tremenda contradição se impõe: o sujeito não quer ser promovido porque a vida além da posição que ele ocupa na organização não lhe atrai. Ele olha para a rotina do seu chefe e não deseja nada daquilo para si.

Eis um dito da vida corporativa que ouvi certa vez do presidente da empresa em que eu trabalhava: o ideal seria ter o salário do final da carreira fazendo o que você fazia no início. Aparentemente, a regra é essa: quanto mais você sobe, quanto mais dinheiro você ganha, mais aborrecido e sem sentido fica o seu dia a dia.

Ao galgar posições ao longo da carreira, o sujeito vai deixando de fazer aquilo que o trouxe para a profissão lá no início. O médico deixa de fazer medicina quando vira diretor do hospital. O engenheiro, quando vira gerente do departamento, passa a gerir engenheiros e abandona os cálculos e as obras. E assim por diante.

O pessoal inventou a tal da carreira em Y para tentar escapar a essa armadilha – permitindo que alguns virem gestores e outros continuem especialistas. Mas, se você quer saber, até hoje não vi essa boa ideia dar muito certo em lugar algum...

Seria de fato espetacular se o artista pudesse ser promovido dentro da sua arte, não tendo que virar um administrador ou um vendedor ou um financista para ganhar mais. Para mim, no entanto, por tudo que (não) vi, esse desiderato ainda pertence ao mundo das fadas e dos duendes.

Na prática, as empresas botam todo mundo para trazer receita ou para cortar custo. Ou as duas coisas combinadas. Todos os demais interesses se tornam secundários.

Mas, quando todo mundo está focado no trimestre, quem olha cinco anos à frente? Quando todo mundo tem que cuidar da rentabilidade, quem inventa, quem inova? Quando todo mundo tem a missão de desovar produtos, quem constrói marca?

Em alguns ambientes, essa regra de crescer profissionalmente em direção ao inferno é levada ao extremo. A conta da grana a mais que o executivo vai enfiar no bolso fica tão cara que simplesmente não vale a pena. A frase lapidar de Ben Parker, também conhecido como o tio do Homem Aranha – "Com grandes poderes vêm grandes responsabilidades" –, parece estar sendo parafraseada assim nos escritórios: "Com um salário maior, virá uma pressão tão grande que vai acabar com a sua vida."

Tenho ouvido cada vez mais pessoas se lamentando por terem sido promovidas a cargos que tornaram seu cotidiano miserável. Que sentido faz uma carreira na qual quanto mais você cresce, pior fica? Para a empresa, como continuar competitiva quando os melhores cargos que ela tem a oferecer causam repulsa em seus talentos? Como continuar atraindo e retendo os melhores profissionais com um barulho desses?

Um executivo me disse recentemente que prefere ter uma redução de salário e ficar no cargo atual a ser promovido ao próximo estágio da carreira. Ele abriria mão não apenas de ganhar mais, mas estaria disposto inclusive a entregar parte do que ganha hoje para não ter que sair do lugar. Essa sua postura não advém de preguiça ou de falta de ambição. Mas do desejo de não deixar de ser quem ele é.

Esse executivo tem uma função técnica e está no topo da carreira que a empresa oferece para profissionais com esse perfil. A partir do ponto em que está, para crescer, ele teria que pular numa piscina de planilhas gerenciais e relatórios executivos.

Sua vida viraria um martírio. Porque não foi nada disso que o trouxe para a profissão quando ele a escolheu para si.

Como vários de seus pares, ele adotou a estratégia de se esconder no seu canto. Nem é preciso dizer o quanto essa postura, disseminada pela corporação, faz com que a seta da empresa aponte inevitavelmente para trás em vez de para a frente, para baixo ao invés de para cima, para dentro em vez de para fora.

Para essas empresas o desafio será garantir que venham a ser geridas pelos melhores – e não apenas por quem sobrou.

Um talho no meio da testa

Esses dias olhei no espelho e descobri, bem no meio da cara, entre as sobrancelhas, uma baita ruga de expressão. Um vinco fundo, meio diagonal, feio. Ele me faz parecer incomodado quando não estou, me faz franzir o cenho quando quero apenas manter uma expressão neutra. Basta eu fixar o olhar em alguma coisa que a ruga já se monta contra a minha vontade. Basta eu me concentrar em algum assunto que ganho o ar de uma pessoa brava, cavernosa, infeliz.

Confesso que fiquei chateado com essa ruga. Estou convivendo bem com os demais sinais de envelhecimento: a pele menos elástica ao redor dos olhos. O rosto pendendo um pouco dos ossos. Fios grisalhos brotando por todo lado. Mãos mais másculas e angulosas, de pai de família, de provedor. Considero tudo isso bacana. São novidades que me emprestam mais nobreza e hombridade.

Essa ruga é diferente. Ela não é um sinal de idade. Ela é um sinal de que ando menos feliz do que deveria. Meu corpo me mandou um recado inequívoco a esse respeito, esculpido no meio do meu rosto.

Quando a vida começa a mudar a sua aparência facial, é hora de mudar de vida. Nada de agir de modo afogueado e irrefletido. Mas nada também de ignorar os sinais que eu mesmo estou me dando.

Quero rugas de expressão de tanto dar risada. E não uma máscara talhada no cinzel da insatisfação. Arre.

Onde os fracos não têm vez

Tem gente mais dura que você. Gente que aguenta mais porrada. E tem gente mais frágil do que você. Gente mais sensível.

Se você olhar para o lado, sempre vai haver pessoas mais resilientes e estoicas. E sempre vai haver também pessoas com pavio e fôlego mais curtos, com menos resistência às asperezas da vida.

Normalmente, quando você pensa em desistir de uma situação dura – seja um casamento, um trabalho, um empreendimento – e olha para alguém que lhe parece ter o couro mais duro, você acaba pensando: "Esse cara não desistiria agora, não entregaria os pontos assim. Então eu também não vou afinar."

Isso pode ser uma coisa boa, um estímulo a seguir andando. Ainda que aquele cara, para a sua surpresa, talvez não tivesse estômago para a situação que você está vivendo e já tivesse pulado fora há muito tempo se estivesse em seu lugar.

Da mesma forma, você olha para alguém que lhe parece ser menos calejado, ou então menos espartano, e acaba pensando: "Esse cara já teria largado esse abacaxi, não estaria sofrendo tanto. Por que diabos eu ainda estou aqui ralando meu coco com isso?"

Esse raciocínio pode ser útil para acender luzes amarelas, para evitar o autoflagelo e o *burn out* (a capacidade de acabar consigo mesmo no trabalho à custa de uma carga de esforços sobre-humana). Ainda que aquele cara que você tomou como referência seja muito mais durão do que você imagina.

A grande questão, que só você poderá responder, é: até quando baixar a cabeça e continuar correndo na mesma direção significam visão e coragem e a partir de que ponto trata-se apenas de burrice e autoimolação?

UMA HISTÓRIA FANTÁSTICA

O pai dele era um médico famoso, importante. Do tipo que é referência em uma capital periférica do Brasil. Médico dermatologista. O velho cuidava da cútis de toda a elite daquele estado. Claro que ele teria que se tornar também um médico dermatologista. Era impossível não herdar aquela clínica, aquela clientela, aquela marca de sucesso que se confundia com o sobrenome da família. Ele sempre teve muito em comum com o pai. Os dois se adoravam.

Só que a maior das conexões entre os dois, curiosamente, não era a medicina. Seu pai adorava traquitanas eletrônicas. E ele tinha a mesma paixão do velho. Os dois brincavam juntos de montar, desmontar e remontar aparelhos. Eles se divertiam lado a lado, ao longo de várias horas, no porão da casa, soldando circuitos integrados, turbinando carrinhos de controle remoto e aeromodelos. Quando os primeiros computadores pessoais chegaram ao Brasil – TK 85, MSX –, aquilo logo se transformou num outro ritual de celebração de interesses comuns entre pai e filho.

Por algum motivo, o velho não tinha investido profissionalmente na sua paixão. Acabou dando certo em outra área. E transformou seu amor pela tecnologia em hobby. Por algum motivo, ele seguiu os mesmos caminhos – e descaminhos – do pai. Relegava às horas de lazer aquilo que mais gostava de fazer. E se dedicava, profissionalmente, a fazer outra coisa.

Com mais de 30 anos, no entanto, ele decidiu jogar tudo para cima. Trocou de cidade e de profissão. E, de respeitado dermatologista herdeiro de uma pujante clínica regional, tornou-se um *geek* em período integral. Um *tech lover* profissional. Decidiu ser quem ele queria ser, quem ele era de verdade.

Virou executivo. Hoje é diretor de inovação de uma grande empresa de tecnologia e vive feliz da vida com dois ou três smartphones no bolso. Ainda guarda um certo ar de médico do interior. Mas tem uma felicidade no olhar que nem todos os louros da medicina bem-sucedida poderiam lhe trazer.

Quando todos o chamaram de louco, seu pai apoiou fortemente a sua decisão. De um jeito inusitado, o velho se realizou por meio do filho. E não porque o filho seguiu a sua profissão, mas exatamente ao contrário: pelo filho tê-la recusado.

Bem-vindo à zona de desconforto

Para crescer, é preciso sair da sua zona de conforto. Se você está muito tranquilo, não está crescendo. Está parado. É simples: para caminhar, é preciso sair do sofá.

Para avançar, é preciso estar um pouco infeliz. Quem está muito satisfeito não quer crescimento – quer manutenção.

Por outro lado, quem não está confortável não está feliz. Ou você já viu alguém contente por estar sendo pressionado? Esta parece ser a grande equação que rege esses dias competitivos, em que parar para respirar e tomar um gole d'água significa ser miseravelmente ultrapassado por quem tiver mais fôlego e resistência à sede.

Existe aí uma bifurcação. Você pode sair da zona de conforto sem deixar de fazer aquilo de que gosta. Ou então você pode sair da zona de conforto deixando para trás aquilo de que conhece. Aí você troca não apenas de posição, mas também de substância. Vai reinventar sua carreira. Vai mexer no modo como se vê e como é visto pelos outros. Você vai abandonar a sua senioridade e o seu acúmulo, vai virar calouro de novo e se aventurar em águas desconhecidas.

Na maioria dos casos que conheço, só faz esse movimento quem percebe, contrariado, em algum momento da vida, que a sua área de expertise já o desencantou, não lhe interessa mais, não o faz mais feliz.

E aí não há mesmo o que fazer senão pular.

9
FERRAMENTAS AVULSAS

Pequena receita de empregabilidade

Tem gente mais talentosa e mais experiente de que você. Tem gente mais simpática e mais cativante. Tem gente mais bem conectada, com melhores indicações. Também tem gente mais jovem e mais barata. Então, não importa em que posição você esteja no mercado de trabalho, a competição será dura. Eis um par de sugestões para manter a cabeça fora d'água.

OLHE PARA DENTRO

Na hora de decidir que profissão seguir ou de trocar de carreira, em vez de esquadrinhar o mercado, olhe para dentro de si. É ali que estão as respostas. É ali que pulsa o seu desejo.

Pergunte a si mesmo que tipo de atividade fará você acordar contente toda segunda para ir trabalhar. Pergunte para o seu coração. Ele lhe dará sempre a melhor resposta.

O sucesso profissional não reside no valor do seu salário, no status do seu cargo nem no nome da empresa para a qual você trabalha. O sucesso é medido simplesmente pelo quão feliz você é (ou não é) fazendo aquilo que faz.

O mercado de trabalho é muito volátil. As grandes profissões de hoje talvez nem existam mais daqui a 10 anos. (As grandes empresas, idem.) Da mesma forma, as áreas profissionais mais quentes para a sua geração talvez venham a ser inventadas por você!

TRABALHE DURO

Não se economize. Desde o início, mergulhe de cabeça, se mostre disponível e interessado em aprender tudo que for possível. Você é o maior interessado em se desenvolver ao máximo. Para tirar tudo que há para tirar da sua carreira, você precisa perder o receio de dar tudo de si.

Da entrada na universidade até mais ou menos os 30 anos, o sujeito vive o período de expansão cognitiva mais importante da sua vida profissional. Dedique-se a ele, acelere, force um pouquinho o motor do seu carro nas retas – até para ver que potência ele tem e até onde você consegue chegar.

Leia muito sobre tudo, experimente diferentes coisas, questione, inove, empreenda, corra riscos. Faça um curso de teatro, vá morar um ano no exterior, aprenda uma tecnologia nova, outra língua. Tudo isso lhe será muito útil lá na frente.

QUEM NÃO É INDISPENSÁVEL SERÁ DISPENSADO...

Eis o que eu gostaria de dizer: seja essencial ao negócio em que você está inserido. É o único jeito de se perpetuar. Quem é essencial tem lugar garantido. Todos os demais vão ficar cada vez mais na incômoda posição de ter que disputar posições na bacia das almas.

Trate de colocar seus exércitos onde você é fundamental. Ou você será sempre acessório. Sua primeira missão como agente econômico que deseja sobreviver no mercado é essa: ser impreterível.

Se você é sócio de um empreendimento, mas a competência central do negócio é um aporte trazido por outros sócios, você estará numa posição frágil. Claro que há outras formas de fincar posição numa composição acionária. Mas nenhuma é tão forte quanto ser o combustível da empresa.

Se você é um executivo, a regra é a mesma – só que vale em dobro. Trabalhe somente em empresas para as quais as suas competências sejam sine qua non. Talento fora de lugar vale pouco. Michael Jordan, o Pelé do basquete, não conseguiu continuar sendo Michael Jordan quando se aventurou no beisebol...

É preciso ser decisivo. Porque, cada vez mais, quem não é decisivo é irrelevante. E quem é irrelevante, mais cedo ou mais tarde, estará fora.

Ou você sabe o que está fazendo, o que está dizendo e participa ativamente dos processos de decisão em que está metido, ou você estará se enganando e enganando os outros. Às vezes com a melhor das boas intenções – mas estará perdendo seu tempo e o tempo dos outros.

Um conselho duro: não espere ser saído dos lugares em que você não faz diferença. Saia por conta própria. Tome a iniciativa de atuar apenas em funções em que sua presença seja absolutamente necessária.

Não se esconda na irrelevância. Esse é o conforto mais falso do mundo. Não assumir responsabilidades dá uma sensação de leveza. Só que quem não tem responsabilidades também não tem peso algum na organização. E quem não tem peso não ocupa espaço. E quem não ocupa espaço não tem lugar garantido.

Quem não é cobrado também não faz falta. A pior coisa que pode acontecer é não haver grandes expectativas a respeito do seu trabalho ou do seu desempenho. No primeiro vento que soprar torto, você será varrido do convés do navio.

Para chegar a algum lugar no mundo do trabalho é preciso gostar muito, se dedicar pra caramba, cair dentro para valer, se comprometer até o talo. Ou isso, ou você será sempre um apêndice – daqueles que costumam ser extirpados.

Esteja sempre uma curva à frente

A sensação de ter ficado para trás é angustiante. Quando sua namorada decide fazer a fila andar – e você dança. Quando a tecnologia ou as gírias mostram que você se desatualizou. Quando as pessoas no seu escritório parecem estar operando algoritmos enquanto você ainda está nas operações básicas de soma e subtração.

Da mesma forma, estar à frente, sobrando, é muito agradável. Só que o esforço para se manter no topo e para administrar essa vantagem sobre os demais demanda mais do que a briga inglória para sair da zona do rebaixamento, com a água lamacenta já batendo na virilha.

Os casos mais legais e desafiadores de promoção são aqueles em que o profissional é alçado ao nível da sua incompetência. Ou seja: ele é tirado da sua zona de conforto, do terreno que domina, e é jogado numa seara nova.

Como um craque do interior que vai jogar num clube grande, ele sente o chão sumir no primeiro treino entre os novos colegas. A nova situação é desafiadora e ele terá, em muitas madrugadas insones, a impressão de que a empresa errou ao promovê-lo, de que não dará conta da parada.

Há quem, alçado ao nível da sua incompetência, quebre emocionalmente e decida de vez que é uma fraude e que todos os sucessos prévios foram uma ilusão. Um presente especialmente duro pode fazer o sujeito desistir do futuro e duvidar do passado – o que é maluco, mas todos os dias acontece por aí.

Na maioria das vezes, a empresa sabe que o sujeito não está pronto. Ela o estica porque vê nele o potencial para queimar etapas com aquele empurrão à frente. O paradoxo escondido nessa situação é que ter atingido o céu no estágio anterior da sua carreira é precisamente o que determina a promoção do sujeito para uma temporada no inferno, tomando chumbo e tomando tombo.

Há outros casos de promoção em que o profissional começa a operar as funções do próximo cargo antes de assumi-lo. Ou porque o negócio cresce mais rápido do que as políticas de RH conseguem acompanhar – e o sujeito é sugado pela espiral ascendente. Ou porque o sujeito vai forçando a estrutura para cima com o seu talento. É quando o próprio profissional, à custa do seu trabalho, se promove. Trata-se do caso de promoção mais seguro para a empresa e menos sofrido para o executivo. Basta oficializar em seguida o que já ocorreu de fato.

Há situações em que o executivo assume as novas funções, mas os novos salários e benefícios demoram a vir. Para lidar com empresas que miguelam desse jeito a ascensão de seus melhores talentos, restam poucas alternativas ao profissional além de tirar o cartão vermelho do bolso.

Ainda sobre promoções e promovidos: não olhe só para cima, para os chefes e para os chefes dos chefes. Nem só para baixo, para o seu time e para os diretos dos seus diretos. Em algum momento, o depoimento dos seus pares – que passarão a ser liderados por você –, como a expressão do "sentimento coletivo" a seu respeito, será fundamental para que você seja promovido ou não.

Então esteja sempre uma curva à frente. Agarre as oportunidades com coragem e ímpeto. Mas não queime pontes nem aliados nesse processo. Você precisará deles.

O TOQUE DE MIDAS

Um dos pontos cruciais em uma carreira vitoriosa é ser rigoroso na cobrança de performances. Deixar claro para quem trabalha com você que o alto desempenho é um valor fundamental – reuniões têm que começar no horário e ser produtivas. Metas têm que ser cumpridas e, sempre que possível, superadas. Compromissos devem ser honrados, e-mails e telefonemas precisam ser respondidos sem procrastinação. A criatividade e a ousadia são virtudes, bem como a responsabilidade por aquilo que se faz. É preciso escolher os seus valores, pendurá-los no pescoço e não abrir mão deles.

É preciso também não se esquecer de incluir a si mesmo nessa cobrança. Aplicar as mesmas regras para o time todo – e ser o primeiro a dar o exemplo. Ao criar um padrão elevado para a sua própria performance, o time vai entender muito melhor o que você quer dizer do que ouvindo sua cantilena.

Na seara pessoal, isso o salvará da autocomplacência. Um equívoco comum entre os executivos é blindar-se no poder – sempre relativo e transitório – das posições que ocupam. Como quem diz: "Agora que cheguei aqui, não preciso mais ser tão duro comigo mesmo." Aí o sujeito afrouxa os próprios arreios enquanto se dedica a encurtar as rédeas dos outros. Mais do que um privilégio indefensável, isso se traduz numa armadilha. Afinal, nesse cenário, enquanto os outros se fortalecem, ele se torna flácido. É bacana ser seu cúmplice – mas não a esse ponto. Um companheiro que se preza não conduz o outro para o cadafalso.

Executivo de primeiro time é aquele que deixa as coisas melhores ao passar por elas – pessoas, processos, produtos, marcas, empresas, climas, culturas. Essa é a grande régua para medir a trajetória de um profissional: a sua capacidade de pegar uma cadeira dura, uma área em que ninguém queria trabalhar e transformá-la num lugar macio, glamoroso, desejado por todos.

Só é possível chegar lá com um bom nível de cobrança sobre si mesmo no que toca ao desempenho. E com a certeza de que, no fim das contas, a única coisa que vale é a obra que você construiu. O que fica é como você será lembrado pelas pessoas que cruzaram com você.

Esse nível de excelência só é atingido se você se importar com cada pequeno detalhe da operação. Se há detalhes desimportantes a ponto de você não precisar se ocupar deles, lime-os. Provavelmente são atividades desnecessárias que, somadas, geram enormes perdas de tempo.

A todos os outros detalhes que continuarem relevantes: olhar atento, interesse de pai, cuidado de mãe, curiosidade de cientista. "Só os paranoicos sobrevivem", a frase histórica de Andy Grove, ex-presidente da Intel, um mantra dos anos 1990, ainda vale. Diria que vale cada vez mais.

Deus está nos detalhes

Essa é outra grande frase. Ela encerra a ideia de que nenhuma parte que possa causar prejuízo ao todo pode ser ignorada, por menor que seja. E embute uma sugestão clara aos navegantes: seja caprichoso, apare bem as arestas, cuide do acabamento – esses pequenos aspectos que fingem ser irrelevantes acabam fazendo toda a diferença.

Tem gente que só olha para a floresta. E se esquece das árvores. Em algumas ocasiões, faz sentido focar o macro. Quando você está focado demais no varejo, corre o risco de perder a noção do todo. E perder essa noção de grandeza e proporção não é legal.

O ponto é que cuidar bem dos detalhes de um projeto confiado a você costuma gerar um enorme diferencial a seu favor. Uns chamam isso de excelência – encantar o cliente, quem quer que seja ele, entregando-se sempre a mais em relação àquilo que ele espera. Cuidar dos detalhes, por mais insignificantes que pareçam. Esse é um atalho para você sobressair diante dos concorrentes – a maioria das pessoas não se dispõe a ir tão longe.

Trabalhei com uma gerente de marketing que tinha uma deficiência exatamente nesse campo. Era a melhor gerente da empresa. Era criativa, boa de palco, escrevia bem, sabia se fazer querida pelas pessoas, era dinâmica, um azougue. Mas carregava consigo um certo desapego pelas coisas pequenas – olhava só para as grandes. E assim enodoava o resultado dos projetos que desenvolvia com as arestas, às vezes infantis, que deixava de limar.

Às vezes era a falta de um e-mail dando conta das providências que decidira tomar, colocando o time todo na mesma página. Às vezes era um telefonema que deixava de dar a seus pares antes de promover alguma movimentação com repercussões na área do sujeito. Às vezes era a falta de revisão em um documento crucial ou uma negociação mal concluída. Ela quase sempre fazia a coisa certa – só que do jeito errado. E aí alguns de seus golaços viravam gols contra.

Cuide bem dos detalhes. Que os detalhes cuidarão bem de você. Não imagine que um ganho expressivo possa compensar automaticamente uma pequena negligência. Na maioria das vezes, o que acontece é o contrário – um deslize mínimo pode manchar irreversivelmente um grande resultado que você gerou a duras penas.

E SE A GENTE PAGASSE 10 CENTAVOS POR E-MAIL ENVIADO?

Esses dias uma amiga me disse que recebe 600 e-mails por dia – mais de 12 mil por mês. E que estava chegando ao limite de sua capacidade de administrá-los.

Talvez você viva situação semelhante. Eu conheço mais de uma pessoa que vive assolada por essa espécie de bullying via Outlook. Sou capaz de apostar que daqueles e-mails da minha amiga, 60 demandam alguma ação dela. E que ela precisa efetivamente ter conhecimento de outros 120. O resto é Matéria Negra. Hemorroida pura.

Diante dessa montanha de arquivos inúteis jogados para dentro do computador com o poder de roubar o foco, a energia e o tempo de qualquer um, sei de gente que está começando a ignorar parte de seus e-mails. O que é um contrassenso absoluto. É como jogar fora correspondências sem abri-las. É como deixar de atender o telefone na presunção de que é mais uma ligação indesejada. Eis como uma ferramenta tremendamente produtiva se torna contraproducente.

A gente abusa do e-mail. Quer dois exemplos?

COPIANDO QUEM NÃO PRECISA SER COPIADO

A gente usa o e-mail como escudo ou como arma de defesa – manda a mensagem só para depois poder dizer "mas você estava copiado". É verdade: e-mail é documento. E se você enviou e a outra pessoa não leu ou não agiu, o problema é dela, e não seu, que fez a sua parte. Mas precisamos documentar tudo? Nosso nível de confiança uns nos outros, de cumplicidade, é tão baixo que precisamos transformar cada pequeno detalhe numa brasa para em seguida atirá-la dentro das vestes alheias? A isso estão resumidas as nossas relações corporativas – a uma troca agressiva de armadilhas farpadas?

Essa mania de apinhar a linha de destinatários com o maior número de nomes possível e o uso preferencial do "responder a todos" na hora da réplica são uma praga. A gente costuma imaginar que, quanto mais gente estiver copiada num e-mail, mais importância ele terá. Equívoco. E-mail bom não requer plateia. Ao contrário. Quanto mais pontuais e precisos forem os e-mails, melhor. Quanto mais particulares eles forem – mais força eles terão.

CONVERSANDO POR E-MAIL

E-mail é legal para registrar um acordo. Todas as idas e vindas até chegar ao acordo ocorrem melhor em reuniões presenciais ou em telefonemas. Ouvi esses dias que uma boa prática dos bons gestores de projetos é estabelecer que assuntos que não sejam resolvidos em até três e-mails passem a ser resolvidos pessoalmente. Achei ótimo. Enfrento às vezes *threads* de e-mails com, sei lá, 20 ou 30 mensagens. É excruciante acompanhar isso ou ter de ler essas tripas infindáveis de baixo para cima.

E-mail não é para conversar – mas para oficializar o que já foi conversado cara a cara. E-mail não serve para discutir. Assuntos só devem ser endereçados por e-mail depois que estiverem resolvidos e encaminhados. Debate por e-mail é uma das coisas mais maçantes e improdutivas da vida corporativa – pesam na caixa de entrada e afundam o dia a dia da gente num charco insuportável de réplicas e tréplicas.

E-mail que se dá ao respeito respeita o tempo alheio – que é sempre escasso e, portanto, valiosíssimo. Se não há nenhuma providência que eu precise tomar acerca disso, se meu nome não aparece no corpo da mensagem, se o conhecimento daquele assunto não for crucial para a minha rotina, por favor não me mande, não me copie, não me encaminhe o e-mail.

Eu, em contrapartida, prometo também lhe enviar mensagens somente quando for impossível deixar de fazê-lo. Assim, quando chegarem mensagens minhas na sua caixa, por favor abra e responda rapidamente. Porque elas serão sempre pessoais e relevantes. Vamos combinar assim?

Como negociar um aumento

Esta situação é um clássico do mundo dos negócios.

De um lado da mesa está o chefe, com suas metas como gestor, em busca de obter os melhores recursos para a empresa pelo menor preço. De outro lado está o funcionário, com seus sonhos, em busca de obter a melhor remuneração possível pelo seu talento.

Você provavelmente já esteve nos dois lados da mesa. (Seu chefe, seguramente, já.) E, se você ainda não esteve, saiba que um dia estará.

O ponto básico, diante desse conflito de interesses, é não deixar que a negociação evolua para um confronto entre posições irreconciliáveis, para uma disputa de poder entre dois indivíduos – especialmente se você não for o chefe.

Mas há outros pontos que me ocorre comentar:

1. AH, A AMBIÇÃO...

Você não precisa ser o personagem de Michael Douglas no filme **Wall Street** nem, portanto, ser o arauto da cobiça, para compreender que no mundo dos negócios a ambição é o motor que faz tudo girar. Querer muito, no mundo do capitalismo, não é um pecado – é uma tremenda virtude.

Conheço gente que aceita um emprego, numa determinada situação, porque julga que naquele momento não vai conseguir nada melhor. Assim que o sujeito se reequilibra e se sente um pouquinho mais confiante passa a considerar aquele emprego a pior coisa do mundo. Embora as condições não tenham se alterado em nada na ponta do empregador. O sujeito é que mudou – e passou a ter uma ambição diferente.

Conheço gente que entra numa sociedade querendo uma participação baixa para correr menos risco e, depois que o negócio dá certo, fica se mordendo para ter mais. Se sente desconfortável, diminuído... por uma decisão que ele mesmo tomou lá atrás. E que não reflete mais a sua ambição presente.

Conheço empresas que oferecem uma paga régia para atrair determinado executivo e depois se arrependem – e fritam o cara em praça pública porque ele está ganhando o alto salário que elas mesmas ofereceram!

Ou seja: o balanço das ambições, o equilíbrio gerado entre os interesses sempre conflitantes entre os agentes econômicos no mercado, varia como o índice de uma bolsa de valores. É preciso acompanhar diariamente essas equações para entender se o laço está mais forte ou mais frágil, se o acordo feito no papel ainda está valendo na prática.

Meça sua ambição antes de sentar à mesa com seu chefe para discutir um aumento. Balize-a contra a ambição dele em relação a você e ao seu trabalho. Esse é o melhor mapeamento que você deve fazer para navegar entre questões como quanto você está valendo versus quanto estão lhe oferecendo ou quanto você está produzindo versus as oportunidades que lhe estão sendo ofertadas.

2. NÃO ENTRE COMO REFÉM

A pior negociação é aquela que faz com que um dos lados vergue a coluna. Entrar cabisbaixo em um novo acordo é péssimo para os dois lados. Você se sentirá injustiçado a partir do primeiro dia.

Do outro lado, o "vencedor" da disputa nunca terá certeza de que vai poder contar com seu entusiasmo. Uma boa negociação não tem um lado vencedor – os dois lados saem ganhando com bons motivos para comemorar.

Isso depende de o interlocutor não entrincheirá-lo – o que não está sob o seu controle. Mas isso depende também de você não se colocar numa posição de vítima diante da empresa e do chefe.

3. FOQUE A SOLUÇÃO E NÃO O PROBLEMA

Uma vez que você defina bem o que quer, risque no chão uma linha invisível representando até onde você está disposto a retroceder para que a coisa dê certo. Entenda que você não vai obter 100% do que deseja. Mas tenha clareza daquilo do que você *não* está disposto a abrir mão.

Seja objetivo. Seja pragmático. Seja positivo. Opere pelas conexões possíveis e não pelas distâncias irreconciliáveis. (Sempre haverá dessas duas coisas sobre a mesa.) Demonstre gratidão por seu chefe e pela empresa. Demonstre orgulho pelo passado que vocês construíram juntos. Deixe clara a sua vontade de ficar para ampliar as conquistas. Deixe claro que o seu objetivo ali, com aquela conversa, é garantir a permanência da sua colaboração.

Por fim, tente enxergar por um minuto a negociação do ponto de vista do seu chefe. Entre nos sapatos dele. E proponha, delicadamente, que ele faça o mesmo em relação a você. É exatamente nas conversas mais duras que a gente tem a chance de exercer a maciez. Não apenas como princípio de vida – mas também como estratégia de negociação.

COMO AVALIAR UMA PROPOSTA DE EMPREGO?

Diante de uma nova oportunidade, como decidir se você vai ou se você fica? Como reduzir as chances de se arrepender da sua escolha, qualquer que seja ela? Uma amiga *headhunter* certa vez me ofereceu um raciocínio que eu nunca mais esqueci.

Vou chamar isso de "A Regra dos 3 Qs".

1. QUEM

A primeira e mais importante questão a ser analisada é com quem você vai trabalhar. Quem será o seu chefe? Esse sujeito tem o poder de tornar sua vida um paraíso ou um inferno. Então analise bem como ele funciona, qual é o seu estilo, quais são os seus valores. Que tipo de relação você tem ou terá condições de desenvolver com ele? Analise também quem serão seus pares. Qual é a cultura daquela organização? Aquele ambiente é feito para você?

2. O QUÊ

Se você obtiver uma resposta positiva em relação à primeira questão, faça a segunda análise: qual é o projeto para o qual você está sendo chamado? Qual é a substância do trabalho que estão oferecendo a você? O que você vai fazer lá o fará feliz? Como isso se compara com o que você faz hoje?

3. QUANTO

Se, somente se, a conversa sobreviver a essas duas primeiras questões, passe para a análise do terceiro "Q": quanto você vai ganhar? Qual a recompensa que está sendo oferecida? O salário, os bônus, os benefícios são atrativos? Valem o risco de saltar de uma árvore para outra?

Eu quero dizer a você que todas as vezes que ignorei esta sequência de perguntas – e suas respectivas respostas – e me deixei iludir pelo canto da sereia, seja a grana, o glamour ou a novidade, me dei muito mal. Sugiro fortemente que você anote na pedra a "Regra dos Três Qs". Ela vai livrá-lo de muitos escorregões e arrependimentos.

A RESPOSTA ESTÁ DENTRO DE VOCÊ

Trocas de emprego são momentos cruciais na carreira da gente. São rupturas que trazem sempre muita ansiedade.

Eis um pequeno checklist que pode ajudá-lo a navegar por essas águas turvas:

VOCÊ ESTÁ FELIZ?

Se estiver, fique onde está. Faça mais e faça melhor o que já vem fazendo. E seja feliz. Isso não tem preço. Isso não se vende. Nem por um salário maior. Sentir-se bem, curtir os projetos e as pessoas que perfazem o seu dia a dia profissional é uma coisa difícil de obter. Então, se você está numa boa, trate de ficar ainda mais numa boa. Sem culpa.

VOCÊ ESTÁ INFELIZ?

Se estiver, trate de mudar de vida. Diante de uma rotina torturante, só há uma alternativa: mudá-la. Trate de se mexer, de alterar o rumo das coisas, de dar um passo em direção à felicidade. É uma obrigação que você tem consigo mesmo.

NEM SEMPRE ABRIR MÃO DE UMA OPORTUNIDADE SIGNIFICA TER OUTRA OPORTUNIDADE À MÃO

Sair do trem em que você se encontra não significa embarcar automaticamente no trem que está parado no outro lado da plataforma. Ou seja: livrar-se do trabalho que você faz hoje e que o tiraniza não quer dizer necessariamente encontrar outro que o realiza. Nem sempre descobrir o que você *não* quer significa saber o que você *quer*. São duas coisas diferentes. Que correm em paralelo. Decisões que devem ser tomadas em separado – uma não deve depender da outra nem influenciá-la.

QUE TAL DEMITIR SEU CHEFE?

Antes de terminar, preciso dizer o seguinte: seu chefe é a única coisa que realmente importa. Você nunca trabalha para uma empresa, você sempre trabalha para alguém. Seu chefe tem o poder de transformá-lo na mais feliz – ou na mais miserável – das criaturas. A empresa é uma abstração. Seu chefe é uma realidade concreta. Um bom chefe oferece a você as melhores condições de trabalho, mesmo numa empresa energúmena. Um mau chefe faz do seu cotidiano um passeio ao purgatório, mesmo numa empresa sensacional.

Portanto, escolha muito bem o seu chefe. Essa é a grande decisão a ser tomada. Ele ou ela será seu melhor amigo. Ou seu pior inimigo. Com ele a favor, você gozará de todas as benesses de um bom ambiente de trabalho. Com ele contra, você ficará isolado, se sentirá inútil, aos poucos vai se tornar invisível, infeliz, até ser ejetado.

Eis o que quero dizer: não perca um mês da sua carreira com um chefe ruim. Ninguém está livre de topar com um ao longo da carreira – inclusive porque há muitos. Ao menor sinal de um mau chefe, caia fora. Há muitas versões para explicar o que é um bom chefe. Todo mundo sabe de cor o que é um chefe ruim.

Tenha certeza disso: a vida é muita curta, e a carreira mais curta ainda, para perder tempo e energia com um superior de qualidade inferior. Para maus chefes, a porta da rua é serventia da casa.

Quatro pilares para uma carreira bem-sucedida

Chego ao final dessa nossa conversa. Espero que ela tenha sido útil e divertida para você. Espero que esse tempo que passamos juntos tenha sido agradável e de algum modo instrutivo.

Gostaria de me despedir com as características do profissional que nunca vai ter de procurar emprego. (Há outras. Mas com essas aqui já fazem um estrago.)

CRIATIVIDADE

A capacidade de pensar diferente, de achar respostas novas e soluções surpreendentes para os problemas, sejam eles inéditos ou os mesmos de sempre.

OUSADIA

O ímpeto de inscrever seu nome na história de um produto ou de uma marca ou de uma empresa. O desejo irrefreável de crescer, de ser relevante, de fazer diferença. Ser ousado é ser impertinente na medida certa. É ter a coragem de correr os riscos necessários para crescer e acontecer.

ÉTICA

Não basta ter talento, tem que ter caráter. Nutrir princípios, respeitar limites, exercitar a empatia, construir relações sustentáveis. Isso não é ser bonzinho. Isso é ser decente. Só os bandidos preferem ter no time alguém que não é confiável nem íntegro. (Você quer trabalhar com bandidos?)

EFICIÊNCIA

Não dá para ser bom apenas na teoria. É preciso ser bom na prática, no dia a dia. Um bom currículo não vale muito se o sujeito não apresentar as armas na hora da batalha, quando o tiroteio come solto.

O bom profissional tem que entregar. Tem que gerar resultado. Eficiência é a busca por fazer sempre melhor e mais rápido, no menor tempo possível, gastando menos. Gente eficiente resolve. Remove obstáculos. Dá lucro. E sempre vai ter lugar no mercado de trabalho.

Se você não puder oferecer mais nada ao mercado, agarre-se a esses quatro preceitos. E seja muito feliz.

É o que desejo a você.

Até a próxima!